世界五千年
科技故事丛书
卢嘉锡题

《世界五千年科技故事丛书》
编审委员会

丛书顾问　钱临照　卢嘉锡　席泽宗　路甬祥
主　　编　管成学　赵骥民
副 主 编　何绍庚　汪广仁　许国良　刘保垣
编　　委　王渝生　卢家明　李彦君　李方正　杨效雷

世界五千年科技故事丛书

中国近代地质学的奠基人
翁文灏和丁文江的故事

丛书主编　管成学　赵骥民

编著　程新民　程敏敏

吉林出版集团｜吉林科学技术出版社

图书在版编目（CIP）数据

中国近代地质学的奠基人：翁文灏和丁文江的故事 / 管成学，赵骥民主编. -- 长春：吉林科学技术出版社，2012.10（2022.1重印）
ISBN 978-7-5384-6140-4

Ⅰ.①中… Ⅱ.①管… ②赵… Ⅲ.①翁文灏（1889～1971）－生平事迹－通俗读物②丁文江（1887～1936）－生平事迹－通俗读物 Ⅳ.①K826.14-49

中国版本图书馆CIP数据核字（2012）第156937号

中国近代地质学的奠基人：翁文灏和丁文江的故事

主　　编	管成学　赵骥民
出 版 人	宛　霞
选题策划	张瑛琳
责任编辑	张胜利
封面设计	新华智品
制　　版	长春美印图文设计有限公司
开　　本	640mm×960mm　1/16
字　　数	100千字
印　　张	7.5
版　　次	2012年10月第1版
印　　次	2022年1月第4次印刷
出　　版	吉林出版集团 吉林科学技术出版社
发　　行	吉林科学技术出版社
地　　址	长春市净月区福祉大路5788号
邮　　编	130118
发行部电话/传真	0431-81629529　81629530　81629531 　　　　　　　81629532　81629533　81629534
储运部电话	0431-86059116
编辑部电话	0431-81629518
网　　址	www.jlstp.net
印　　刷	北京一鑫印务有限责任公司

书　　号　ISBN 978-7-5384-6140-4
定　　价　33.00元
如有印装质量问题可寄出版社调换
版权所有　翻印必究　举报电话：0431-81629508

序　言

十一届全国人大副委员长、中国科学院前院长、两院院士

　　放眼21世纪，科学技术将以无法想象的速度迅猛发展，知识经济将全面崛起，国际竞争与合作将出现前所未有的激烈和广泛局面。在严峻的挑战面前，中华民族靠什么屹立于世界民族之林？靠人才，靠德、智、体、能、美全面发展的一代新人。今天的中小学生届时将要肩负起民族强盛的历史使命。为此，我们的知识界、出版界都应责无旁贷地多为他们提供丰富的精神养料。现在，一套大型的向广大青少年传播世界科学技术史知识的科普读物《世

序 言

界五千年科技故事丛书》出版面世了。

由中国科学院自然科学研究所、清华大学科技史暨古文献研究所、中国中医研究院医史文献研究所和温州师范学院、吉林省科普作家协会的同志们共同撰写的这套丛书，以世界五千年科学技术史为经，以各时代杰出的科技精英的科技创新活动作纬，勾画了世界科技发展的生动图景。作者着力于科学性与可读性相结合，思想性与趣味性相结合，历史性与时代性相结合，通过故事来讲述科学发现的真实历史条件和科学工作的艰苦性。本书中介绍了科学家们独立思考、敢于怀疑、勇于创新、百折不挠、求真务实的科学精神和他们在工作生活中宝贵的协作、友爱、宽容的人文精神。使青少年读者从科学家的故事中感受科学大师们的智慧、科学的思维方法和实验方法，受到有益的思想启迪。从有关人类重大科技活动的故事中，引起对人类社会发展重大问题的密切关注，全面地理解科学，树立正确的科学观，在知识经济时代理智地对待科学、对待社会、对待人生。阅读这套丛书是对课本的很好补充，是进行素质教育的理想读物。

读史使人明智。在历史的长河中，中华民族曾经创造了灿烂的科技文明，明代以前我国的科技一直处于世界领先地位，涌现出张衡、张仲景、祖冲之、僧一行、沈括、郭守敬、李时珍、徐光启、宋应星这样一批具有世界影响的科学家，而在近现代，中国具有世界级影响的科学家并不多，与我们这个有着13亿人口的泱泱大国并不相称，与世界先进科技水平相比较，在总体上我国的科技水平还存在着较大差距。当今世界各国都把科学技术视为推动社会发展的巨大动力，把培养科技创新人才当做提高创新能力的战略方针。我国也不失时机地确立了科技兴国战略，确立了全面实施素质教育，提高全民素质，培养适应21世纪需要的创新人才的战略决策。党的十六大又提出要形成全民学习、终身学习的学习型社会，形成比较完善的科技和文化创新体系。要全面建设小康社会，加快推进社会主义现代化建设，我们需要一代具有创新精神的人才，需要更多更伟大的科学家和工程技术人才。我真诚地希望这套丛书能激发青少年爱祖国、爱科学的热情，树立起献身科技事业的信念，努力拼搏，勇攀高峰，争当新世纪的优秀科技创新人才。

目 录

翁文灏
少年知自勉/011
不平凡的博士学位/016
首位地质学教授/023
潜心创办地质机构/029
大地震动以后/036
考察煤矿的艰辛/044
一心为了开发石油/051
误入仕途/061
落叶归根　安度晚年/066

丁文江
少年早成/074
海外求学/080

目 录

开创中国地质科学事业/086

科教兴国的实干家/093

跋山涉水路途遥/099

一个采矿实业家/105

最后的地质生涯/110

英年早逝/115

翁文灏

少年知自勉

清光绪十五年（1889）7月26日，夜晚的天空，群星闪烁，淡淡的星光如漂白的薄纱轻轻洒满东海之滨的浙东大地。

位于四明山脚下的鄞县（属宁波市）西乡石塘村，早已笼罩在茫茫夜色之中，劳累了一天的人们正在院中乘凉消夏，沉睡的村庄显得十分宁静。

然而，翁家大院里，此刻正是灯火通明。灯光下，人影晃动处，传来阵阵婴儿的啼哭声。哭声由小到大，由近及远，渐渐从灯火通明处传遍整个大院，并随风送达到很远很远……

一个新的生命诞生了。

婴儿的啼哭打破了夜晚的宁静，给乡村带来了生命的活力和朝气。这个出生的男孩起名文灏，字咏霓。翁文灏出生在一个官宦绅商家庭。高祖父翁开明（1786—1853）凭借一生的勤俭和精明，为子孙留下了裕丰造酒坊和裕大酱园、酒米铺等颇为可观的家业。到了他曾祖父翁景和（1823—1877），翁家的商业经营达到顶峰，经营范围北到天津、南到瞿州的东部沿海。相继在上海开设长丰绸庄和大丰洋布店；在杭州开设锡箔厂；在瞿州设上和南货店；在天津设乌木作坊；在宁波设宝大北船号、宝凤银楼；在本乡有养鱼塘、农场、果园及祖传的裕丰造酒坊，积资财有200多万两白银。

翁文灏的祖父翁运高（1839—1889），字南山，榜名步云，才华横溢，雅擅诗文，是当时宁波名士。清咸丰五年（1855）中举人，授内阁中书。翁文灏的父亲翁传洙，号勉甫，他对西方格致新学的兴趣远大于八股文章、科举仕途。他兴趣广泛，绘画、音乐不无爱好；时常翻阅格致新书，心血来潮时，便购一洋式小火轮，亲自开往上海游玩，玩厌倦了便不取分文地送给朋友。

翁文灏出生时，祖父翁运高已于半年前去世。虽然，此时翁家已不如翁景和时代那般繁荣昌盛，但毕竟是宁波有名的富户。据丁文江说："翁文灏祖父死的时候，分家时，他父亲分得20万两银子，上海还有一所铺面，每年有好几千收入"，他"早年的环境是一个十足的纨绔"。但在这样的环境中，却没有沾染一点儿纨绔子弟的恶习，而是发奋读书，确实难能可贵。

幼年的翁文灏颇受祖母的宠爱，一来因为他是翁家的长房长孙，而且自幼聪慧可爱；二来也是因为他6岁丧母的特殊经历。

翁文灏的生母余宝玉（1872—1895）是慈溪人，家中世代在上海经商，与翁家祖上有姻亲关系。她幼时常随母亲到外婆家游玩，曾写下"水从石出真清澈，步逐坡登见曲斜"的诗句，外婆家美景给她留下极深的印象。因夫妻不和，在翁文灏刚刚度过6周岁生日的时候，余氏夫人便抛下翁文灏和两岁的妹妹杏仙，撒手人寰。由于他俩得到祖母的精心哺养，才没有感到太多的凄凉。一年多后，继母叶秀芬（1872—1932）来到翁家。叶氏夫人也是慈溪人，出生在一个世代书香之家。虽然是继母，但她以女性特有的善良贤淑，视他们兄妹为自己所生，并教导他们勤学苦读、力求上进，使一双幼小的心灵所受创伤得到了慰藉。叶氏夫人不仅贤惠，而且思想进步，据说她是宁波第一个提倡放足的妇女。在以后的30多年中，翁文灏视继母为生母，精心照顾、赡养终生、竭尽孝道，也算报答了这位含辛茹苦有养教之恩的继母。

6岁时，翁文灏开始入私塾读书，启蒙教师叫胡豁堂。当时私塾所读一般是《千字文》《幼学琼林》以及《论语》《孟子》等四书五经。1899年，因石塘家中遭抢劫，翁文灏全家被迫避至宁波江北岸的引仙桥，租屋而居，他的塾师也改为史隽德。1901年，翁家再迁宁波城里天封寺前三角地居住。翁文灏天资聪慧，博闻强记，许多古书他能倒背如流、每天读书写字，已成习惯。由于他聪颖好学、勤奋刻苦，功课学得很好，字也写得很漂亮，深受同学们的钦慕、老师的赞扬。他13岁的时候，应每年一次的年考，考试成绩优异，被取为"鄞县附生、列名秀才"。依照当时的习惯，头戴"花顶"，身着"蓝衫"，访亲会友。在当地可算是荣耀了一阵子，十里八村都知道鄞县出了个少年秀才。

然而，人生之路不是平坦的，也不是一帆风顺的。

翁文灏于1903年到杭州参加乡试，却时运不佳，名落孙山了。1905年1月9日，16岁的翁文灏，按旧习惯从父母之命，与林韵秋（1887—1958）女士结婚，婚后仍然留在家中读私塾。但此时翁文灏已开始关心国家大事了，每天除读《左传》《春秋》、唐诗、宋词之外，更多的是读上海的《新民丛报》，还有《盛世危言》《天演论》等进步书籍。

当时，正是满清末年，神州大地，烽火四起。有志男儿，奔走呼号，救国之声，此起彼伏。翁文灏对时局很关心，对国家民族危难也很忧虑，他写下了"我虽少年知自勉，须扶衰弱佐中兴"的豪言壮语。

1906年到了上海，考上了法国天主教会在徐家汇办的震旦学校，实际上就是一所中学，张謇任董事，由天主教教士任教务，功课设置偏重法文和数学，在课余时间学习历史、地理、物理和化学，也学一些哲学。在这里，一些基础课学得很扎实，为他后来成为一个著名的地质学家，打下了坚实的基础。

1908年，翁文灏从震旦学校以优异成绩毕业，该年的秋季，又参加了浙江省留学考试，名列第7名，取得了出国留学的机会。

不平凡的博士学位

1908年，一艘叫雅西欧的客轮，满载着充满希望和梦幻的乘客，从上海吴淞口缓缓驶入东海。

客轮出海之后，乘客们或是玩牌，或是说笑，或是凭舷远眺，或是静静地思索。其中，有一位身穿西装，鼻梁上架着一副金丝眼镜的年轻人，此刻正站在船头的甲板上，时而看着船头激起的浪花，时而远眺大海的奇观异景，时而俯首沉思。他是谁？他去哪里？干什么去？

他就是我国近代地质学的奠基人和创始人之一——翁文灏先生，他这次涉洋越海是到欧洲比利时首都布鲁塞尔东边的小城鲁汶（Louvain）大学学习。这所大学已有500

多年的历史了，是一所名牌大学。此次与翁文灏同行的还有李芸孙、孙文耀、胡文耀、徐新卞、钱宝琼等人。

出国前，"到欧洲去学什么？"一直是他思考的重大问题。当时，中国正处于半殖民地半封建社会，国土被帝国主义列强瓜分掠夺，因而社会生产力十分落后，人民生活困苦不堪，尤其是民族工业由于受到列强的商品倾销，资本输出等殖民政策的压制，发展受到了极大影响。偌大的中国因缺乏铁矿石而不能发展钢铁工业；因缺乏石油，本来就很少的轮船、汽车等交通工具竟不能很好地使用……中国成了洋油、洋火、洋轮、羊炮的"洋货"国家。

难道中国真的没有石油和铁矿石吗？中国真的就是地大而物不博吗？这一系列问题一直在翁文灏的脑海中萦绕。"不，我不相信这是事实，我要改变这种局面。"改变这种局面需要大批的地质人才。由于当时的中国几乎没有地质人才，翁文灏于是下定了决心学地质，然后再回国培养地质人才。沿途景色他无心观赏，他正在思考着下一步打算，那就是如何在鲁汶大学学好地质学，实现救国救民的远大抱负。

经过一个多月的航行，轮船最终到达了目的地——比利时。翁文灏下了船，来到了比利时首都——布鲁塞尔。他走在通往鲁汶大学的布鲁塞尔街道上，看着这一派繁华景象，街上商品琳琅满目、车水马龙……想着祖国的贫穷落后，心中一股无限惆怅的思绪油然而生。因为他想到中国的历史，当年盛唐时期的中国、元世祖时的中国，祖国是何等强大，而今却极贫、极弱，任人欺凌……

鲁汶大学位于比利时首都布鲁塞尔以东25千米的鲁汶城，是欧洲古老而又充满活力的著名大学。鲁汶（Louvain曾译为罗文、鲁文、鲁凡、勒芬、卢万等）属于布拉班特省，15世纪是欧洲最大的城市之一。经教皇马丁五世批准，1426年布拉班特公爵吉恩四世仿效巴黎大学的模式，建立了比利时第一所大学。建立之初，鲁汶大学就以天主教研究中心而享有盛名。16世纪，它是反对宗教改革的主要中心。法国大革命，使该校于1791年关闭，1834年比利时天主教重建该校，使之成为一所用法语授课的天主教大学。鲁汶城也因大学的存在，而成为欧洲著名大学城和文化中心。

据说，1425年教皇马丁五世批准成立这所大学，有关方面最初考虑把校址定在布鲁塞尔。但布鲁塞尔城当局坚决拒绝，理由很奇怪，今天看来很荒唐，怕因此玷污布鲁塞尔妇女的贞洁。

鲁汶城却将位于市中心的最重要贸易场所——"布楼"让给学校，这个颇有远见的行动使鲁汶受益匪浅。到20世纪初的时候，鲁汶大学的各类学校、研究所遍布大街小巷，与城市浑然一体，俨然一座名副其实的大学城。

鲁汶还是一座有名的啤酒城，书和啤酒是这座城市的象征。今天，我们可以在学校总部（布楼）的广场上看到，有一座左手拿着打开的书，右手握着啤酒杯，高举过头顶的学生塑像，他就是这座城市的象征。

翁文灏在鲁汶大学学习时的地质教师主要有教地质学、构造地质学的地质系主任多尔罗托（Dorlodot）；教结晶学、矿物学和岩石学的盖生（Kaisin）教授，也是他的博士论文指导教师；以及教生物学和植物学的副教授沙莱（Salie）；教矿床学的副教授岛洛(Taurean)等。

鲁汶大学是一所具有500多年历史的著名大学，学校自建校以来培养出许多世界知名的科学家。置身于这种环境，翁文灏有着一种"学不好对不起祖国"的信念。从入学起，他很快就适应了新环境，并即刻投入到紧张的学习中去。上课时，他认真听老师讲课，做好课堂笔记，并不时向老师询问疑难问题；课外，他把空余时间全部花在图书馆里，如饥似渴地阅读最新书刊，并做好读书笔记。

在学校，他每天睡得很晚，孜孜不倦地在灯下攻读，以致他所在的寝室差不多每晚都是全校最后一个关灯的。每逢节假日，大多数同学都外出逛公园，而他很少去公园，即使偶尔进去，身边总少不了一叠报纸杂志，或是一本厚厚的书。在林荫下，在溪流旁，人们总能发现他在提笔写着什么。当时有位教授曾称赞说：

"翁文灏是鲁汶大学学习最用功的学生，将来一定大有出息。"

他的一首七律诗，充分反映了在此期间读书和生活的情趣。他攻读地质学时，刻苦认真，取得很大收获。诗曰：

半世纪前忆旧游，勤求地学从前修。

图书设馆收藏富，宝镜偏光辨析优。

物美珊瑚兼蚌壳，矿藏铜铁又琅球。

认清山海升沉史，知识渊博处上游。

由于他孜孜不倦地学习，又去野外实践，所以能力得到了锻炼，同时理论又与实践相结合，在学校每次的考试成绩都名列前茅（当时在鲁汶大学还有两个中国学生孙文耀和胡文耀，也都成绩优秀，在学校被誉为"三文"）。

在鲁汶大学经过一年多的基础课学习，翁文灏对法语已经掌握得熟练自如，用法语与人交流已没有障碍了。第三个暑假，他开始出野外考察，为写毕业论文搜集资料。一个多月来，他一直在比利时的勒辛地区仔细考察，最终在勒辛地区寒武系地层中发现了一个玢岩体。

寒武系地层是一个距今有6亿年历史的古老地层，而玢岩是后来侵入到该地层中的岩体。这个岩体的侵入说明该区曾发生过岩浆作用。

这个玢岩体是翁文灏发现的，他决心要研究这个尚无人知的问题。他不辞劳苦地奔波于勒辛地区，跑遍了该地区的每一个山冈和沟壑。为了仔细观察一个地质现象，他经常趴在地上仔细看；为了看清每一组节理和岩石，他不得不在陡峭的崖壁上爬来爬去，爬上爬下。一个月来，他的辛苦得到了应有的回报，他搞清了玢岩体的分布及与围岩的关系，并获得了回校作进一步研究的几大箱岩矿标本。返校后，他首先将所有的标本在放大镜下进行肉眼鉴定，从中再挑出典型的标本作进一步鉴定。其次把这些典型标本进行切片，再经过砂轮打薄和研磨，磨成比纸还要薄的岩石薄片，最后把这些岩石薄片用树胶粘在玻璃片上，放到显微镜下进行观察、鉴定、分类和研究。在显微镜下，他对斜长石和石英进行了比较详细的分类和鉴定，并首次在石英中发现了包裹体。包裹体中液体动荡不定，气体冉冉向上。他的导师盖生（Kaisin）认为：这项发现具有划时代的意义，填补了在石英矿物中没有发现包裹体的空白。这项发现同时也为他获得博士学位奠定了基础。

经过自身的艰苦努力和导师盖生教授的精心指导，翁文灏完成了博士论文——《勒辛地区含石英玢岩研究》（La porphyrile quartzifere de Lessines）。全文用法文写成，共28页，附显微照片图版3张。这是中国地质学者发表的第一篇博士论文，有着重要的历史意义。

在翁文灏进行博士论文答辩时，答辩委员会的专家们一致认为：翁文灏的研究论文不仅材料丰富、立论清晰，还为当时比利时地质科学填补了一项空白，具有首创意义。该论文最终以"最优等"通过。因此，翁文灏也被破格直接授予博士学位。

翁文灏于1913年（23岁）正式获得比利时鲁汶大学博士学位。这使他成为中国首位地质学博士。此事国内外有关报刊作了报道，在国外产生了较大影响。比利时一家报纸说："最好的成绩，被一个矮小的黄种人夺去了。"从此我国结束了没有地质学博士的历史。

首位地质学教授

　　翁文灏于1913年获得比利时鲁汶大学博士学位后，导师盖生要他留校担任助教工作。但他考虑到祖国急需地质人才，国内只有两名比他先期回国的地质专门人才丁文江（1887—1936）和章鸿钊（1887—1951），这么大的国家只有两个人搞地质怎么行。强烈的爱国思想驱使他放弃在国外的优厚待遇，于1913年初回到阔别多年的家乡——鄞县。

　　在他的长诗《五个自述》中反映了他决心回国，为祖国的地质事业献身的心情。诗曰：

　　谢绝私交厚薪给，愿为地学启朝暾。

吴兴泰兴具同志，筚路蓝缕何足论。

（吴兴指章鸿钊；泰兴指丁文江）

由于当时中国地质人才奇缺，中国地质科学奠基人丁文江、章鸿钊于1913年在地质研究所创办了一个地质培训班，共招收了22名学员。当丁、章二人正为缺少教员而苦恼时，得知翁文灏已经学成回国的消息，他们马上邀翁文灏来北京任教。1913年春节后，翁文灏接受了他们的邀请来到北京地质研究所任讲师。由于他治学严谨，科研成果多，学术水平高，教学效果好，很快就晋升为教授，成为我国首位地质学教授。

他先后担任了《地质学》《矿物学》和《岩石学》3门课程的主讲任务。讲课没有教材不行，他只好自己动手，编出了《地质学讲义》一书。该教材为手写石印本，共45页，10幅插图，内容包括矿物岩石章、历史地质章、地球构造章、地貌章及地下水章，这是我国公认的第一本比较系统的地质学教材。

他讲课认真生动，富有情趣，因而深受学生欢迎。他在课堂上经常提出一些思考题，供同学们在课堂上讨论，这样可以启发学生们的想象力，调动同学们的积极性和培养他们的表达能力，最后再给同学们归纳总结并加以点评。

他讲课生动形象，当讲到地球内部结构时，他手里拿着一个半生不熟的切开的鸡蛋走上讲台。对此同学们大惑不解。有人说："讲地球，拿来鸡蛋干什么。"

还有人说："天天都吃鸡蛋，还用讲吗？"

在学生们议论正激烈高兴的时候，翁文灏开始讲课了。

他说："地球的内部结构就像这个鸡蛋一样，可分为三层：即蛋壳、蛋白（清）和蛋黄，蛋壳相当于地壳、蛋清相当于地幔、蛋黄相当于地核。地壳非常薄，平均厚度只有33公里；地幔比较厚，有2 900多公里；地核特别厚，有3 400多公里，而且还分为内核和外核，外核是液态的，就像这个没有煮熟的蛋黄一样。"翁文灏用鸡蛋的内部结构比喻地球内部结构，使同学们听起来感到很新颖，而且也非常直观，便于理解。

地质学是一门实践性非常强的学科，翁文灏教授就经常带同学们到华北、华南各省实习和进行地质旅行。每到一地后，他先让学生自己看地质现象，把所见到的各种石头（矿石、宝石、玉石和化石等）和种种断裂进行观察和鉴定，然后把学生集中起来，让他们自己把所见所闻及各种见解、疑问都发表出来，最后由老师讲解对在哪里，错在何处。通过室内的理论学习和野外的地质实习，同学们真正学到了本领，使他们成为我国第一批自己培养出来的地质学家。例如，后来在北京大学地质系任主任的谢家荣（1898—1966）教授、谭锡畴（1892—1952）教授、中央大学（现南京大学）地质系主任李学清（1892—1971）教授、中央研究院地质研究所研究员叶良辅（1894—1949）、李捷，地质调查所技正（相当于教授）、周赞衡、玉竹泉（1891—1975）、两广及贵州、浙江地质调查所所长朱庭祐（1895—1984）教授等20多位著名的地质学家。

这些人经过3年的学习，于1916年毕业，挑起了全国地质矿产调查的大梁。而且每个人都可以独当一面，开展一个省的地质调查工作。当这些人毕业后就正式成立了地质调查所，真正地开展了全国的地质矿产调查工作。从此正式揭开了我国自己开展地质调查工作的序幕，结束了依靠洋人的时代。

在开展全国的地质调查中，鉴于每省还分不到一个地质工作者的情况，当时就任地质调查所所长的翁文灏又开始在清华大学筹建地质系，继续培养地质学人才。他亲自担任系主任，设立了地理、地质、气象等学科，其培养范围不仅覆盖了地质，而且扩大到地理和气象，培养地球科学方面的人才，这在当时是非常有远见卓识的英明之举。

根据地质学的特点，翁文灏为地质学系制订了实践性非常强的教学实习计划。第一年为短距离的野外地质实习，到北京市郊区观看三家店至门头沟的地质剖面，到温泉、八达岭等地进行地质旅游。第二年暑期进行地形测量和地质剖面测量；地形测量安排在青岛及山西晋祠西山，地质剖面测量在北京西山。第三年春天作长距离的野外考察，如到山西太原、五台山、大同，湖南衡山、常宁水口山、山东济南、张夏、泰安、大汶口等地。第三年夏季从事专业调查，如参加北京西山的地质填图，为毕业论文搜集资料等。各种课本及参考书绝大多数为外文版本，英语为第一外国语，德、法、日等语种任选一门作为第二外国语，但第一、第二外国语均为必修考试课程。可见当时翁文灏对大学生外国语要求是非常高的。

翁文灏认为"名师出高徒"，于是他聘请了一大批在国内外享有盛誉的学者到清华大学任教，例如美国著名的地质学教授葛利普（1870—1946），德籍教授高均德，以及袁复礼（1893—1981）、熊庆来（1893—1969）、谢家荣、冯景兰（1898—1976）、张席禔（1898—1966）、斯行健等著名的地质学教授。

在搞好课堂教学的同时，翁文灏还规定高年级学生可作为中国地质学会会友参加年会活动，聆听不定期学术报告和全校性公开的学术报告。例如请北京猿人的发现者裴文中（1903—1982）教授作"北京猿人发掘经过"的报告、请袁复礼教授作"西北科学考察经过"的报告，都大大提高了在校生学习地质学的兴趣。

在学籍管理方面，翁文灏实行了淘汰制，实行"严进严出"。这种制度既不同于西方实行的大学生"宽进严出"，也不同于目前国内实行的"严进宽出"。当时清华大学在全国招收尖子生，进校后实行淘汰制，对成绩不合格的学生实行留级、退学、肄业等处理，所以到大学毕业时每班只剩下几名优秀学生。清华大学地学系从1929年开办到1937年停办，共招收7届学生，总共只有45名学生拿到毕业证书，可见那时对培养学生的要求是何等之高。

由于翁文灏创办清华大学地学系所表现的卓越贡献和极高的组织才能，还有国内外著名学者的声望，当1931年吴南轩因病辞去清华大学校长职务的时候，南京政府教育部很快就任命翁文灏为清华大学代理校长。

潜心创办地质机构

1916年，以丁文江、章鸿钊和翁文灏为主，创办的地质研究所，在首届学生毕业以后，就宣告结束了。地质研究所撤销后，成立了地质调查所。从此，正式揭开了我国自己地质调查工作的新篇章。调查所用他们自己培养的学生为骨干，开始由过去的研究机构变成实业机构了。

地质调查所的初任所长是丁文江，章鸿钊和翁文灏分别担任地质股长和矿产股长。1921年因丁文江辞去所长职务，到辽宁北票煤矿去任职，所长职务由翁文灏来担任。1928年北伐军到了北京，地质调查所改由南京国民政府农商部领导，新成立的地质调查所，每月只给1 000元的经费，所以经费拮据，困难万状。

1928年年初，翁文灏去南京面见国民政府农商部长易培基，一方面是述职，同时也请求政府拨经费。他来到南京，已身无分文，连住店的钱都没有了。后来同乞丐们一起在鼓楼过了一夜。

后来，翁文灏曾在《五十自述》诗中回忆这段情节时写道：

四十生辰在鼓楼，穷愁焦虑复踯躅。

人生际遇本难常，壮志不为艰困服。

同人相勉竭辛勤，世风不愿相角逐。

燕京旧址是留恋，社会同情赠蔬菽。

（戊辰年余年四十，时寓南京鼓楼）

在翁文灏的领导下，地质调查所的同仁们，不嫌微薄的待遇，从不见异思迁，都努力工作，埋头研究，取得了可喜的地质成果，终于得到了社会的同情与支持。地质调查所就是在这样困难的条件下发展壮大起来的。后来还相继成立了地震、燃料、土壤和新生代等研究室，另外在北平修了陈列馆，在南京建立了地质调查所新楼。这些工作在我国都是具有开拓性的。

翁文灏积极参与并领导了新生代研究室的筹建工作，

这是中国最早从事新生代地质、古生物，特别是古人类研究的专门机构，也是中国科学院古脊椎动物与古人类研究所的前身。就是这个研究室在北京附近的周口店，发现了北京猿人，这是世界人类研究史上的重大发现。

1929年，丁文江、翁文灏和由中国政府聘请来华工作的瑞典科学家安特生（Pavidson Blacr，1884—1934）等，经过长期筹划，由地质调查所与北京协和医院解剖科合作，美国洛克菲勒（Rockfelle）基金会提供经费，成立了新生代研究。当我们看到1926年10月18日，翁文灏给当时北京协和医院解剖科主任步达生的信时，就会想到他在这方面所花费的心血了。信中说：

"我收到你16日来信，对我们过去讨论的合作，做了概要的安排。对这具有高度科学兴趣的计划我很满意，并感谢给予中国地质调查所很大的支持。我同意你在信中所提的大纲，为了比会谈的更清楚一些，再略为申请几点：关于周口店的研究，我完全同意你的计划。为这项研究，中国地质调查所将派一位现在在德国学习的中国古脊椎动物学家（指杨钟健），到瑞典了解以前发现的材料和研究情况，以便将来和你所提议的从事这项工作的其他同行更好地合作。必要时，为了地形和地质调查，中国地质调查所还可以提供一两名地质学家。中国地质调查所可能资助小部分工作经费，但我们都赞成最好是由洛克菲勒基金会资助全部费用。关于人类化石和其他遗物及科研成果可发表于《中国古生物志》，还要明确，交给你的人类骨骼当永远保存在中国，是否由人类生物学研究所（指新生代研究室）来实现此事……"就在这封信里，翁文灏还提出，"大量从河南、奉天（今辽宁）和甘肃发现的人骨架，已得到发现者的同意，归中国地质调查所所有"。

"北京人"的发现在考古学史上是富有情趣的。一位瑞典的科学家安特生，在周口店附近一位开采石灰石的工人带领下，来到名叫"鸡骨山"的山上，安特生俯首拾到一块"鸡骨"，清除了附在上面的泥土，仔细地观察着，突然他问带路的工人道：

"这是什么？你知道吗？"

"它就是鸡骨，因为山上洞穴裂隙中有很多这种鸡骨，所以这座山我们就叫它'鸡骨山'。"工人回答道。

"这不是鸡骨，而是一种小的哺乳动物化石"。安特生说。

"附近有个洞穴，洞内这种骨头有很多。"工人说。

安特生很感兴趣，在山上转了半天。他根据山上出现大量的哺乳动物化石，便预言道：

"这里会有人类的遗物发现。"

这个预言，被新生代研究室的杨钟健教授和裴文中教授证实了。1927年在杨钟健教授主持发掘下，10月16日由步林博士发现一颗完整的人类臼齿化石。裴文中教授于1929年12月2日发现了第一个"北京猿人"的头盖骨。

12月2日下午4点多钟，当时已日落西山，北风呼呼地吹着，挖掘者们感到十分寒冷，但大家仍然紧张地工作着。天色黑暗下来，突然从洞里传出一个喊声：

"这是什么？人头！"裴文中喊道。

考古工作者们很快就围了过去，因为"人头"是人们盼望已久的了。从当时人们的表情看，个个都是那么激动和惊喜。有人急忙说道：

"把它立即挖出来！"

"天晚了，最好等明天吧！免得弄坏了。"

"它已经在这里待了几十万年了，哪里还在乎这十几个小时呢？"人们七嘴八舌地发表自己的看法。

话虽这么说，谁又能等待这难熬的夜晚呢？再说万一被盗，那将会遗憾终生。

裴文中决定连夜取出，他叫人取来蜡烛，在烛光下裴文中教授亲自把它取出。这个头骨一半埋在松土中，一半埋在硬土中，在发掘过程中，由于撬动的关系，一小部分头骨被震裂了，但总体来说还很完整。由于头骨开裂也使人们清楚地看到猿人头骨壁的厚度达10毫米，几乎是现代人的两倍厚，更进一步证实头骨的原始性。

头骨取出后裴文中一夜没有合眼，连夜将其烘干，用石膏将其固定，用棉花和被子将它包了又包，裹了又裹。天一亮，就向翁文灏、安特生拍去电报："挖得一头骨，极完整，颇似人。"

"北京猿人"头骨和牙齿的发现轰动了整个科技界，从而揭开了中国古人类学研究的序幕。翁文灏又在中国地质学会特别会上，宣读了《中国古人种之搜寻》的论文，汇报周口店发掘成果，该文发表于《中国地质学会志》上。后又撰写《北京猿人学术上的意义》，在《北京大学月刊》上刊登。

翁文灏对中国地质事业的成长、壮大和发展，有很大的贡献。他一方面孜孜不倦地钻研地质科学理论，另一方面又经常到野外去作实地调查，几十年如一日，恪尽职守，任劳任怨。

青壮年时期的翁文灏，作为一位出色的中国地质学家，他的足迹几乎遍及全国。对许多矿种进行勘查，特别是煤和石油，更是付出了大量的心血。

他发表过186篇论文，在国内外产生了巨大的影响。特别是早在1926年，他在泛太平洋科学会议上，以总结中国东部中生代地质构造演化中，首次提出了中生代侏罗、白垩纪时期的大规模造山运动，并命名"燕山运动"，这个概念和名词一直运用到现在。翁文灏在1920年所著的《中国矿产区域论》是对我国地质矿产学的一大贡献。

翁文灏早在1923年就首次引进魏格纳的"大陆漂移学说"观点，写文章论述这个学说的各种证据，而且认为大陆漂移学说是"理论极为新颖，其说明地质时代之海陆分布，诚有胜前人之处……"自20世纪60年代以来，以大陆漂移—海底扩张—板块构造学说为代表的"新全球构造"，已风靡世界，为多数地区工作者接受。由此可见翁文灏在地质科学上的真知灼见，远见卓识。

翁文灏在他的自述诗《回溯吟》中写道：
自问生平乐事秋，纵横禹甸作良游。
岱宗晶石由来古，嘉峪关门瞩望悠。
辽水丰盈藏铁质，贺兰农垦展平畴。
携锥负笈守印计，愿尽终身地宝求。

大地震动以后

在今天中国人的记忆中，1976年7月28日的唐山大地震（7.8级）大概是自然界最疯狂的一次恶性发作，夺去近25万人的生命。尤其是京津唐地区的人们，至今记忆犹新，谈之色变。然而在20世纪20年代，却发生一次比唐山地震还要大得多的地震——甘肃海原大地震（8.5级）。

让我们把日历再翻到1920年12月16日，晚7时27分，甘肃省东部海原（今属宁夏），突然大地摇荡，如波涛起伏、声响如雷，随即"山崩地裂、黑水上涌、房屋倒塌，省城兰州第一次震动时间长达六七分钟之久"。以后余震不断，迁延"三月之久"。每震动一次"沙飞石起、树拔山崩、城郭为虚、陵谷易仕"。受震地区横跨甘肃、青海、宁夏、陕西四省五六十个县的广大地区。有4个城市被毁，海原县城倾陷，葬身其中者7万余人。据统计，光甘肃省在此次地震中死亡人口达234 117人。在一些地区"山崩土裂、村庄淹没，数十里内，人烟断绝，鸡犬绝迹，为中国有史以来所未见"。被科学家称为20世纪全球3次特大地震之一。

近代中国多灾多难，人祸天灾几乎从未离开过这片土地，据统计，20世纪全球十大自然灾害中，中国竟占了一半。正如一些科学家指出，任何其他天灾都比不上地震能在如此短促的时候，如此广大范围，造成如此大的灾难。甘肃发生地震甚至波及中国沿海地区，也震动了北洋政府，在指示地方政府救灾的同时，北京政府派出了由农商、内政、交通、教育4部人员组成9人考察团赴灾区考察。

翁文灏率王烈、谢家荣作为考察团成员亲赴灾区考察。这时灾区余震不断，既没有先进的交通工具，又没有精良的仪器设备，许多工作要亲自动手。翁文灏身体力行、率先垂范，他行路以马代步，用碎银子付账。由于工作条件艰苦，营养不良，又极少休息，翁文灏因劳累过度，双腿水肿，得了营养缺乏症，但他仍抱病坚持，圆满完成了这次考察任务。这也是中国地质学家第一次对地震区进行的实地考察。

到达灾区之后，呈现在他眼前的是一片满目疮痍的荒凉景象，到处是断壁残垣，遍地是废墟瓦砾，地面裂缝纵横、污水横溢、交通堵塞、腥味冲天。一根根折断的烟囱，早已没有炊烟；一排排坍塌的房屋，早已没有鸡鸣了。真是"无村不戴孝，处处闻哭声"。震后余生的人们怎能忍受这失去亲人和家园的痛苦，撕心裂肺的哭声震撼着翁文灏的心。此刻，翁文灏的心像针扎似的，热血已经沸腾了，为了让人民不再遭受地震的苦难，一定要认真考察，弄清地震发生的原因，为今后震前预报工作打下基础，一定要降伏地震这个恶魔。

在海原地震灾区，翁文灏每天带病访问灾民，了解地震情况。他拿着地质锤、地质罗盘、放大镜、测绳等考察工具，到处调查研究，测量数据。一天，当他拖着水肿而沉重的双腿，来到一间临时支撑起来的竹棚前面，只见一位头戴白布帽子的回族老人蜷曲在那里，翁文灏忙上去和老人闲谈，问道：

"老人家高寿了？"

"88岁了。"老人回答。

"老人家您这一辈子经历过这么大的地震吗？"

"只听说鳌鱼眨眼的故事，没有见过这么大的地震。"

"您知道为什么发生地震吗？"

"这是该人类遭劫了，才地动山摇呗！"

翁文灏向老人解释说："地震是一种自然灾害，没有上天的意思。过去人们传说大地是驮在一条鳌鱼背上的，说是每当鳌鱼睡时，就会发生地震，其实这是古代人对地震形成的一种猜测，没有科学道理。"

凭着对事业的执著追求和顽强的毅力，翁文灏胜利完成了这次考察任务，获得了大量的第一手资料，为日后室内进一步研究地震奠定了基础。

考察完毕，翁文灏通过研究得知：震级越大并不意味着烈度越大。烈度的大小还要受震源深度的影响。震源越深，地震波对地表的破坏就越小，烈度也就越小。震源深度如超过几百千米，地震波传到地表基本消耗殆尽，当然也就对地表没有多大破坏。然而，海原这次地震不但震级达到8.5级，而且震源深度还很浅，发生在地下十多千米处，所以破坏力就特别大，造成几十万人死亡，其裂度翁文灏把它划为10度。

地震考察归来后,翁文灏通过对调查材料的精心整理分析,并结合历史资料的记载,先后撰写了"甘肃地震考"、"中国震中地域及其地质原因"两篇论文及《地震》一书。"中国地震"一文曾在比利时1922年召开的第13届国际地质大会上宣读,受到国际同行的高度评价。

在"甘肃地震考"一文中,他通过查阅和分析中国史籍和地方志上记载的大量有关地震的实际资料,作出了一批统计表,阐明了自公元8世纪以来甘肃地震发生和发展的规律性和周期性,这在当时是难能可贵的。此外,他还在"甘肃地震表",列出从公元前790年到1909年共240次地震的发震时间、地点和震级情况,这些资料至今仍有很大参考价值,为地震预测提供了主要数据,开创了我国现代地震地质学研究的先河。

翁文灏通过甘肃大地震的考察,取得了许多关于地震的理论成果,他也感到要研究地震除了作宏观野外调查之外,还必须靠仪器观测。

1922年8月10—19日,在比利时首都布鲁塞尔,第13届国际地质大会正隆重召开。来自全球各地的地质界精英们热情地讨论着各国各地区提交的地质论文。国际地质学大会每4年都要召开一次，这是代表地质学界最高水平的地质学理论总结交流的大会。科学是没有国界的，这里，有的仅是肤色的区别。中国地质学家出席国际地质学大会这还是首次。

在主席台上，只见一名面色红润、个头不高的学者面带微笑，从容地宣读自己的学术论文：《中国地震》和与葛利普（A·W·Grabau，1870—1946）合作的学术论文：《中国之石类纪》。他是用英语宣读的，语言流畅，表达富有吸引力，时而用他那犀利的眼光扫视一下整个会场，时而慷慨激昂，阐明自己的观点。自信的神态和渊博的知识成了他独具魅力的特色。

在雷鸣般的掌声中，翁文灏结束了自己的发言，从容地走下了讲坛。结果他的两篇学术论文都发表在会议论文集上，同时翁文灏在会上当选为国际地质学会副会长。

回国后，翁文灏感到肩上有一副沉重的担子，那就是必须研究地震。除了作宏观野外调查外，还应该作仪器观测。即以宏观和微观两个方面同时深入观测研究。从此，翁文灏开始了我国自建的第一个地震台——鹫峰地震台的组建工作。

鹫峰地震台筹备初期，因地质调查所经费困难，项目一直没有付诸实施。直到1929年，北京（当时名北平）的一位知名律师林行规先生，在北京西郊温泉西北之北安河村的鹫峰山的秀峰寺建有别墅。就在这座别墅旁捐地一块供地质调查所建地震台之用。1930年年初，地震台建成，翁文灏又从中国文化基金会筹得一部分资金，从国外购置一套Wiechert式地震仪，并聘物理教员李善邦（1902—1980）负责该台事宜。1930年9月该台记录到第一次地震的数据（该地震的发震时刻为1930年9月20日13时零2分零2秒），从此鹫峰地震台转入正式运转。

鹫峰地震台的台基为花岗岩，仪器室用石块砌成，占地约200平方米，大部分为一层，仅东北角局部为二层。墙及门窗皆为双层，室内常年温度变化很小，在东北角二层楼内装有气象仪器，二层楼顶上装有风速计及无线电天线。门口挂有上刻"实业部地质调查所鹫峰地震研究室"字样的牌子。

初建成时，仪器室内装有天文钟及德国制的维歇尔机械地震仪一套，是当时世界上最早的地震仪。至此，鹫峰地震台已成为世界第一流地震台。因为管理完善，地点合适，所记到的数据准确，所以很受世界地震学界的重视。

在仪器室的东南方约30米处建有办公室，内设冲洗，照相记录的暗室，分析地震记录的工作室及图书室等。在图书室内存有当时的地震学书籍及地球物理学的刊物，还有业余科普图书多种及3英寸口径的折射式天文望远镜一架，以供工作人员使用。当时鹫峰交通不便，要去地震台必须先从北京西直门乘人力车到颐和园，再换乘毛驴，约4小时到达。当年，翁文灏就是多次骑毛驴到地震台进行研究和指导工作的。

鹫峰地震台自1930年开始运转至1937年8月止，共记录到2 492次地震，为地震研究和预报提供了可靠的数据。抗日战争爆发后，鹫峰地震台的Galityinwilip地震仪由观察员贾连亨拆卸装箱，冒险运到当时的燕京大学物理系地下室内存放。共存放8年多，很少有人知道，也无人搬运。到抗战胜利后于1948年春才把它找出来运往南京使用。1955年又运回北京，在中关村地球物理所的地下室内进行记录，现存放在白家疃地震台。

抗日战争时期鹫峰一带为游击队活动区，因仪器室的墙壁很厚，据说曾作过游击队的指挥所。因鹫峰台的Wiechert式地震仪不知去向，据很多人的推测可能是被游击队员熔化制成手榴弹用于抗日战争。

考察煤矿的艰辛

1927年秋天,东北正是秋高气爽,气候宜人的季节。但是,早晚已有些寒意。翁文灏为了开发祖国的煤矿而来到黑龙江作地质矿产调查。当他得知毕业于北京大学矿冶系的学生孙越崎(1892—1995)在黑龙江省穆棱煤矿任探矿队队长时,就立即前往穆棱考察。虽说他当时已是中国地质调查所所长了,但也没有带一个随从,而独自一人来到矿山。

孙越崎在矿山新建的招待所接待他,对他说道:

"翁老师,您辛苦了,远道而来,我们欢迎您。"接着介绍了穆棱煤矿的发现、开采、储量等情况。

"你们在这样荒无人烟的地区,环境这么艰苦,能在很短的期间,找出这么大的煤矿,真是难能可贵啊!"翁文灏说。

"北方的煤矿看来是很有前景的。"孙越崎向翁文灏介绍说。

"这样一个现代煤矿,我在北平还没有听说过,这可能是东北北部第一个现代煤矿。"翁文灏说。

孙越崎又告诉他说:"翻过一个平冈,那边叫密山县,也有一个煤矿(即现在的鸡西煤矿)。"

翁文灏听了很高兴,而且很感兴趣,表示考察完了穆棱煤矿后,立即就去密山考察。

孙越崎把翁文灏安排在新建的招待所住下后,又陪他到野外考察。翁文灏背着地质包,带着地质工作者的三件宝:锤子、罗盘、放大镜,到山上追索煤层,敲打岩石,寻找化石;下矿井观察煤层的厚度变化、夹石多少、煤炭好坏等等。在考察中,他边看地质剖面,边采集各种地质标本。每当遇到比较典型的标本时就停下来仔细观察。他左手拿着标本,右手拿着放大镜,把岩矿标本放在眼皮底下进行认真的观察。对有价值的标本就放到地质包里,带回室内切成薄片,放到显微镜下作进一步观察和鉴定。

他在穆棱煤矿考察结束之后，没有休息，孙越崎为他雇了一头毛驴，把随身行李放到毛驴背上又独自一人到密山考察煤矿去了。通过考察，他发现密山地下分布着丰富的煤矿资源，很有开发价值。通过一个多月的地质考察，他基本掌握了煤炭的形式、分布规律和储量等情况，满载着丰收的硕果回到穆棱煤矿，又住了两天就回北平了。这次考察资料，通过室内整理，写成了多篇科学论文，有些论文还在国际地质大会上宣读。

翁文灏除考察过黑龙江煤矿以外，还专程到河北省、山西省、辽宁省和吉林省进行了煤田地质调查。1926年，他发表了"中国煤炭分类"一文，提出了不同种类煤炭的定名与符号方案，引起了当时世界的广泛注意，被认为是一篇权威性文章。翌年，他又提出用三角图解法表示煤的化学成分。同年他还发表了"关于辽宁煤矿的地质构造问题"一文。1929年，他在东京召开的世界能源会议上提出《中国煤炭资源初步估计》的修正报告；1937年在太平洋秋季会议上，他又提出中国煤炭资源新的估计。

翁文灏不但在考察煤炭资源分布、煤炭的分类、煤炭形成研究方面作出了巨大贡献，出版的有关专著和论文10多篇，有的还在国际会议上宣读，而且在煤炭开发上也作出了重要贡献,为开发煤矿负过重伤,差点送命。

那是1934年2月间,翁文灏又是一个人去浙江省长兴煤矿调查。不料中途汽车撞到武康石桥上,出了严重车祸,他头部受了重伤,一块头骨撞伤,压迫脑神经而不省人事。当时,任浙江省教育厅厅长的陈布雷(1890—1948)闻讯立即接他到杭州医院抢救。事后惊动了同乡蒋介石,他即请上海、北平两地脑科专家到杭州会诊,还把家属接到杭州照料,竭尽全力治疗。全部医疗费由国家承担。翁文灏不省人事达两三个月之久,口出呓语,但在各地来的名医全力抢救下,终于苏醒过来,并逐渐恢复记忆力,继而完全恢复健康,真是奇迹。然而,在额头上却长期留下一个鸡蛋大的伤疤。这件事使他对蒋介石感谢不尽,也是后来知恩图报的一个原因。

尽管地质工作如此艰苦,甚至可能以宝贵的生命为代价。然而,翁文灏有高尚的人生观,他以苦为乐,后来在自述诗中写道:

钻研考察聚群贤,笃志求真决目坚。

图幅纵横分勘测,琳琅蕴蓄待使宣。

驰驱北戎阴山脉,观览匡庐章水边。

到处游踪欣跋涉,试以形迹溯源渊。

诗意体现了一位科学家艰苦劳动，喜获丰收的欢愉心境。

1934年7月，河南省焦作市中英合办的中福煤矿，因经营管理不善，濒临破产。造成工潮迭起，连年亏损，英方股东中福公司董事长吴德罗夫从伦敦来华，由英驻华大使陪同到庐山向蒋介石表达对河南省政府、中福煤矿领导不满的意见，要求国民党中央派专员彻底整顿中福煤矿。蒋介石当时正想联络英美，抵制日本，便立即接受了英方的要求，答应派一名知名人士前去中福公司进行整顿。同年9月，蒋介石邀请翁文灏到庐山牯岭面谈，并当面委派翁文灏为中福公司煤矿整顿专员，规定整顿期为2年。在整顿期间，中福煤矿改归中央军事委员会领导。

要想整顿好中福煤矿必须有得力助手，翁文灏首先想到的是黑龙江省穆棱煤矿的发现者，任过矿长，对煤矿开发富有经验的孙越崎先生，就委派他到中福煤矿做先期调查。

1934年10月初，孙越崎到焦作煤矿深入到矿区，对井上、井下和运储情况作了认真调查，一周后，回到北平向翁文灏提交了报告。在报告中提出：该矿存在两个黄金时期，一是矿上有大量存煤，现在正是冬季来临，是无烟煤销售旺季，只要把存煤都运出去，利用好这个黄金季节，大力打开销路，全矿经济就活了；二是井下开拓工程进展过度，足够3年的回采。在两年整顿期间，只要花很少的钱，较少地做些井下开拓工程，保证回采就行了，这是又一个可利用的黄金时期。开拓是花钱的时期，回采是赚钱时期。这就是近期和远期两个黄金时期，只要作好管理和经营工作，整顿就能成功。

翁文灏听到汇报以后非常高兴，就电告蒋介石愿去焦作就职，并任命孙越崎为总工程师，翁不在矿时，由孙代理专员。蒋介石复电表示同意。

翁文灏和孙越崎于1934年10月底到南京面见蒋介石，汇报了整顿中福公司的十大措施和手段。同时向金城银行总经理周作民借现大洋30万元，以备矿上周转用，约定一年内还清。11月，两人从南京到焦作接办"中福公司"，并从国家设计委员会和地面调查所调去8人，同时到矿上工作。

到矿后，经过大力整顿，改善经营管理，制订了1935年产、运、销各100万吨和盈利100万现大洋的计划。在翁文灏专员亲自督导下，工作进行得很顺利，在各地也很快打开了煤炭销路，矿上情况迅速好转。到1935年10月就把金城银行借款30万元一次还清。周作民总经理见到翁文灏时说："真守信用。"

中福公司董事长吴德罗夫也在伦敦泰晤士报上发表感谢蒋介石和赞扬翁文灏、孙越崎的文章说：

"中国重视中英合作……翁、孙整顿中福公司有方，使该矿起死回生。"

1936年，"中福公司"形势更好，产、运、销为130万吨，1937年预计为150万吨。但刚过半年，"七七"事变、"八一三"日本帝国主义在华北和上海等地发动了全面的侵华战争。"中福公司"无法经营而停产，翁文灏指示孙越崎把"中福公司"井上井下器材运到抗日后方，为后来开发天府煤矿（位于四川重庆北碚）作出了贡献。

当时翁文灏、孙越崎把焦作"中福公司"煤矿的器材和技术人员先迁到汉口。然后与四川民生实业公司总经理卢作孚（1893—1952）商量合作开发四川天府等煤矿。在卢作孚的大力协助下，把"中福"器材陆续运进四川。先后开发了天府、嘉阳、威远、石燕等4个煤矿，为抗日战争作出了贡献。

一心为了开发石油

1915—1917年，美国美孚石油公司的一个钻井队，在陕北打了7口探井，一无所获。1922年，美国斯坦福大学教授布莱克威尔德，来我国调查地质，回国后写论文就说"中国贫油"。而旧中国，地质勘探经费很少，在未作全面勘探的情况下，有些地质工作者也随声附和，说"中国贫油"的另外一个原因，就是因为国外大油田，几乎都是海相（"相"即环境的意思）生油，即在远古的海洋中，繁殖了大量的生物，这些生物死亡后和其他沉积物一起堆积起来，在厌氧环境下转化成为石油。因此得出结论、只有海相才能生成石油。而中国的生油地层大多都是陆相环境下形成的，所以贫油。

中国地质学家，例如潘钟祥（1941年在美国提出陆相生油理论）、李四光（1936年在英国提出在新华夏等松辽盆地的陆相地层中储藏有经济价值的沉积物）、翁文灏、黄汲清等（1943年提出多期多层储油和陆相生油论），他们对"中国贫油"是不服气的，各自都在为发展中国的石油而脚踏实地地工作着。下面专门讲讲翁文灏为了开发我国石油而日夜操劳的故事。

远在20世纪的20年代，翁文灏就派他的高足谢家荣到西北的玉门去考察石油，他认为玉门地下的石油资源丰富，很有开发价值。但当时西北地区交通很不方便，既没有铁路，又没有公路，缺乏开发条件。

从20世纪30年代开始，翁文灏的工作重点转向我国的能源开发上。为了解决能源开发，他一手抓煤炭，另一手抓石油。1926年，翁文灏任农商部地质调查所所长，就对石油地质十分重视。1930年，他从金绍基那里募捐来一笔款项，在地质调查所下面建立了一个燃料研究室，起名"泌园燃究室"，专门研究煤炭和石油天然气的开发问题。著名地质学家谢家荣为室主任，又派地质学家王恒升去东北调查地质和石油。当时王恒升到了满洲里中苏边境，原苏联边防军看他与一般旅客不同，而是每到一处，都要看一看，记一记，有时还要绘图等等。误以为他是侦探，就把他抓了起来。这时翁文灏正在四川讲学，当他得知情况后，就立即给原苏联科学院发电报说明情况，要求释放。不久，就释放回来了。

1932年，翁文灏任南京国民党政府的国防设计委员会秘书长，主持地质调查所工作。他派谢家荣、王竹泉去陕北考察石油。为了搞好这次石油调查工作，专门向主管机关——实业部汇报。并请陕西省政府多加支持和保护。9月，他又语重心长地对留学归来的孙越崎说：

"我国的主要资源，有煤有铁，而唯独缺石油，全赖外国供应。一个国家如果没有石油是难以立国的！陕北的油矿曾由全国油矿督办熊希龄与美国美孚洋行合作勘探过，后由于洪宪称帝，陕北大乱，美孚洋行全面撤退。所有勘探设备和资料都没有留下，地质调查所只有很少残缺不全的资料。我是国防设计委员会秘书长，这个机关有钱，可以买钻机，与地质调查所合作。我想派地质人员去陕北。你对勘探有经验，想派你去陕北勘探石油。"

后来，翁文灏介绍孙越崎去南京，到国防设计委员会任矿产室主任，不久，又派去陕北油矿勘探处当处长。该处是一个企业单位，购买了两台顿式钻机，用在陕西延长西门外和延川永坪勘探油矿。1933年，又派地质学家王竹泉和潘钟祥去陕北协助孙越崎考察那里的石油。1934年，孙越崎接受翁文灏去河南焦作整顿"中福煤矿"后，陕北石油勘探处主任就由严爽代理了。

1935年5月，陕北解放了，成为革命根据地，严爽等人被留在延长，1936年严爽等逃离延长到了南京（而两台钻机等设备仍留在解放区，到了抗日战争时期，国共合作时经周恩来副主席批准，两台钻机调到玉门，开发玉门油矿），翁文灏派严爽赴美专门学习勘探，以备有朝一日开发中国的油田，这是中国第一次派人到国外去学习开发石油。

1935年，翁又派潘钟祥去四川巴县石油沟勘定探油井位，并设四川勘探处。1938年又让黄汲清在四川威远等地勘探石油天然气，取得了很好的成绩。

1937年4月，翁文灏借孔祥熙、陈绍去英国，参加英王加冕典礼的机会，顺便到德国参观了很多炼油厂、人造石油厂，以便回来后发展我国的石油工业。

1938年，国民政府由南京迁到汉口，翁文灏已经担任了国民政府的经济部长。同时从西安到兰州和兰州到新疆的铁路已经修好通车了。这为甘肃玉门油矿的开发准备了条件。翁文灏于是决定前去勘探玉门油矿，并去电美国，要严爽立即回国，担任玉门油矿勘探处主任。同时因勘探需要钻机，因当时中国仅有的两台钻机都留在陕北革命根据地内，为了开发玉门油矿，翁文灏亲自找到当时任国共合作政治部副主任周恩来（1898—1976）要求把陕北根据地的两台钻机调到玉门勘探石油。这一要求得到周恩来同志的大力支持，很快，这两台钻机被运到玉门老君庙矿区，而且很快钻到第一层油矿，油气自喷高度达到30米。

翁文灏不但抓采油，而且抓炼油，建立了炼油厂，为抗日战争提供能源。到1942年生产汽油180万加仑和煤油、柴油及沥青等，为抗日战争胜利立下了汗马功劳。

在是否开发玉门油矿问题上，当时国民党政府内存在很大的争论。学地质出身任教育部长的朱家骅（1893—1963）是反对派的首领；另一派是以翁文灏为首的开发派。

经过经济部把玉门油矿的预算方案送到行政院，再转国防最高委员会审议。开会时，行政院各部部长都出席，翁文灏也在场，审议玉门油矿开发计划和经费预算。首先反对者是教育部长朱家骅。朱家骅因兼管文化，曾去敦煌考察莫高窟文化古迹，在嘉峪关外经过玉门油矿时，顺便考察了玉门油矿。朱家骅是留学德国学地质的人，但他没有实际做过地质工作。他说：

"我去过玉门油矿，地方偏远，是戈壁滩上不毛之地，四面一望无际，没有人烟。开发很难，抗战期间用不上。现在外汇应主要用在购买抗日的兵工设备上，不要用在远水救不了近火的玉门油矿上嘛。"大家听了认为他是内行人，说得有理。行政院长兼财政部长孔祥熙（1904—1967）因事没有出席，次长徐堪起来附和，陈果夫也反对，翁文灏见此形势，一言不发。会议不欢而散、毫无结果。

翁文灏为了开发玉门油矿，决定去见孔祥熙。一天晚上，翁文灏驱车来到孔祥熙住宅，经门卫通报获准，翁文灏来到孔的会客厅，等待接见。一会儿孔祥熙带着疲倦的神态出现在翁文灏面前。翁站立起来，彬彬有礼地说道：

"院长您好，耽误您的休息，请原谅！"

"没有关系！没有关系！请坐！"孔答道。

"关于开发玉门油矿的问题，在今天行政院各部部长参加的会议上，争论十分激烈，究竟如何是好，没有定下来，所以特地前来请示院长定夺。"翁文灏打开了话题。

"你的意见呢？你是地质专家嘛！"孔征求意见道。

"依我之见，玉门地下的油矿是很丰富的，我们从20世纪20年代就勘探过了，资料是现成的，目前火车已从西安通到兰州，又从兰州通到新疆的乌鲁木齐了。因此开采玉门石油的条件已经成熟。"翁有条不紊地说。

"开发玉门油矿，得投资多少钱？"孔祥熙问道。

"先期投资只需500万美元，需要派人到美国去购买钻机和炼油设备。"翁文灏回答。

"几年可以见到效益？"孔又问。

"保证3年内汽油可供西北公路局和军队后勤部之用。"

"500万美元可以照准，但石油要尽早开发出来。"孔指示说。

接见到此结束了，翁文灏又彬彬有礼地向孔祥熙告辞。

这样，经过翁文灏的努力，就为开发玉门油矿扫清了障碍。

由于玉门油矿开发成功，1942年9月蒋介石亲自去玉门油矿视察，次年春天还派蒋经国（1910—1988）、蒋纬国（1916－1997）到玉门油矿参观。到1942年底玉门油矿年产汽油180万加仑，还产煤油、柴油和沥青等，不但有力地支持了抗日战争，而且也培养出我国第一代油矿技术和管理人员。玉门油矿成为我国开发石油工业的摇篮，后来大庆油田的铁人王进喜就是当时玉门油矿的技工。

1942年4月，翁文灏与孙越崎等人巡视了玉门油矿，当他看到采油量较大，而且比较稳定，油质也好，油田职工的热情又高，心情十分高兴。后来又游览了敦煌莫高窟、嘉峪关等名胜。他抚古思今，挥笔写下了一首七律。诗曰：

近代文明破网罗，飞机坦克勇如何？

西邻物力强堪佩，中西封疆美中歌。

喜有天山镇翔漠，庶看春气渡黄河。

玉关未闭边陲界，杨柳三千路正多。

石脂功用越从前，天赋自应重莫先。

正在走廊通大道，幸多富力储油田。

玉关始见甘霖润，华国须看伟绩全。

昔日长城曾万里，如今凿井与蒸煎。

1945年8月，抗日战争胜利不久，翁文灏曾接连几次向蒋介石辞职，申明"原为对日抗战而参加政府工作，自当为抗战胜利而告退。"

1945年11月的一天，翁文灏在战时生产局办公处找到他的助手孙越崎说：

"我做官做腻了，抗日战争胜利了，我想搞一点儿实际事业，你看搞什么好？"

孙越崎说："搞煤矿。在豫西省有一块煤田没有开发，把许昌到洛阳的铁路修起来，介于平汉与陇海铁路之间，大有开发前途。另外，鲁中也有一块煤田，只要把兖州到淄博的铁道修通，介于津浦与胶济铁路之间，也大有开发的价值。"

翁文灏说："搞煤矿，势必要与已有的大矿开滦、中兴、中福、占河沟和举证南等矿竞争，我不想去得罪他们这些大股东。"

孙越崎说："那就搞钢铁厂。"

翁说："搞钢铁厂要花大本钱，蒋介石是不愿多拿钱来办真正重工业的。"

孙问："那么您说办什么呢？"

翁说："我想按矿业法规定，石油只许国营，不许私营，与人无争。由资源委员会办一个中国石油公司，除甘肃玉门油矿、新疆独山子油矿、东北抚顺油母页岩矿和葫芦岛锦西炼油厂以及台湾的苗栗油田和高雄炼油厂外，还有四川和各地不少油田可以勘探开发。这项事业对中国很重要，也大有可为，而且比较起来，投资少、见效快。公司成立后我任董事长，将来请你帮忙任公司总经理。你看怎样？"

孙越崎回答说："你要我帮忙，我还有什么说的，一定照办。"

翁又说："你现在要去东北接收日本重工业，需要一个相当长的时间，到明年初，我把所有职务交代清楚后，就组织这个公司，总公司设在上海，我任董事长，暂时兼任总经理。"

1946年初，中国石油公司组建成立，翁文灏任董事长兼总经理。直到1948年，蒋介石要翁文灏出任行政院长，仍兼任董事长，但不任总经理了。

由此可见翁文灏对开发中国石油是一往情深，全力以赴的。

误入仕途

1935年，日本侵略军再次出兵南侵，威胁平津，并策划华北五省（当时的河北、山东、山西、察哈尔和绥远省）自治，企图把华北变成第二个伪满洲国。华北局势危急，救亡呼声响彻云霄。

翁文灏见国势危急，在北平给蒋介石拍了一封电报，以忧虑的心情告诉蒋介石说：

"华北将失，勿忘国民。"

蒋介石接电后，不日动身北行，在保定停车，约见了北平的知名人士。当见到翁文灏时，蒋一再表示：政府决不放弃北平。

同年10月，蒋介石任行政院长，再次约请翁文灏去南京任行政院秘书长，同时任命为行政院政务处长的有清华大学教授蒋廷等人。当时，这批人被称为"学者从政派"。蒋介石这样的人事安排，实际上有其个人目的，那就是利用翁文灏等人的声誉给国民党政府装点门面。蒋以国难日急为由，对翁说：

"日本内侵愈急，你在南京政府受一官任，以便随时面商。"

其实蒋介石请翁文灏出山做官已有两次了，但都被拒绝了。但这次应允了，开始了他在蒋政权的官宦生涯。此时从政，有其深刻的客观原因和主观原因：当时山河破碎，地质事业的开展已十分困难，抗日成为中华民族的头等大事；翁文灏1934年遇车祸之后，生命垂危的时候，蒋介石请来名医，竭尽全力医治，因此病好了要知恩图报。

翁文灏受任南京后，把地质调查所也迁到南京，盖房子，扩大工作范围。他仍住在地质调查所内，以所为家，照常照料该所工作。

翁文灏在从北平飞往南京的途中，写了一首七律，恰是他当时心境的反映。诗曰：

滔滔浪水大江东，兵革春申奋斗中。

早该弹丸破割据，誓除侵略抗强雄。

神州命脉竞争烈，华国英豪肝胆忠。

我亦应捐微顶踵，齐心看取九州同。

抗日救国的思想已跃然诗中了。而且他还将在"中福公司"分红的全部存款1万元，如数购买了救国公债，可见他救亡图存的决心了。因此，出任国民党政府的行政院秘书长职务，也可能是被蒋介石打着抗日的旗号所迷惑，而误认为这样就可以投身于抗日的斗争中去了。

1937年4月，蒋介石派翁文灏随孔祥熙赴英国，参加英王乔治六世的加冕典礼，实际上是借机交给翁一个秘密任务：访问欧洲各国朝野要人，探询一旦中日关系恶化，这些国家可能采取的立场和方针，以及考察各国的经济建设状况。此次访问，翁曾会见过英国外交大臣文登、德国元首希特勒、原苏联外长李维诺夫等，并在各地参观了炼油厂、钢铁厂，与很多官员，专家商谈了经济建设问题。

翁文灏从国外回到南京时，国内形势已经是十分危急了，淞沪会城正打得十分激烈，国民党军队在各条战线节节败退，南京旋即失陷。国民党政府不得不仓皇迁移到武汉。此时，翁文灏仍然没有看清当前的形势，把抗战胜利的希望寄托在国民党政府，于是他又接受了蒋介石的任命，当行政院经济部部长兼资源委员会主任委员和工矿调整处处长。在担任经济部长期间，他创办了玉门油矿和天府煤矿，为抗日战争提供了大量能源，为抗战胜利做了一些有益的事情。

抗战后期，蒋介石又利用翁文灏在美国人民心目中的学者身份和清廉的名声，任命他兼任与美国人打交道的战时生产局局长。抗战胜利前夕，蒋介石又封翁为挂名的行政院副院长，并推荐他为国民党党员和中央委员会委员。

由于翁文灏从政的目的是为了抗日，既然抗战已经胜利，战后辞官当然是他顺理成章的想法。他曾接连五次向蒋介石辞职，申明"原为对日抗战而参加政府工作，自当为抗日胜利而告退"，坚决要求辞去在国民党政府内所担任的一切职务。由于翁文灏的一再请求，蒋介石才批准他辞去了经济部长兼资源委员会主任委员一职，同时结束了战时生产局长和工矿调整处处长等工作。

1948年4月在南京召开的国民大会上，蒋介石自选为总统，并依照宪法规定，行政院长人选由总统提名，经立法院表决通过。由于国民党统治集团内部的派系争斗激烈，蒋介石原意提名张群继续担任行政院长，而CC派立法委员们则主张在中央党部用试行投票的方式抬出何应钦相对抗。蒋介石十分恼火，因为何应钦（1890—1987）曾在"西安事变"中主张用飞机炸平西安，炸死蒋介石，想取而代之。不得已，蒋决定另推一人来充任此职，他首先想到用同乡翁文灏，因翁在国民党政府内无派无系，绝属中立人士，就这样"拉郎配"式地提出翁文灏担任行政院院长。这项任命大出翁文灏的意外，对他来说，这是一个飞来的也是捡来的大官。翁闻讯后，急忙找到蒋介石，向蒋表白，不愿上任的想法，认为本身素质与才干都很难担当这个职务。但蒋主意已定，再说也无济于事，次日翁被提名通过。

翁文灏虽然很不愿意当行政院长的职务，但又不敢坚持不当，唯恐得罪了蒋介石，怕后患无穷，因此只得勉强同意"暂行试任"。翁文灏当了6个月的行政院长，在这短短的6个月间为蒋政权所利用，或为"动乱反共"的工具，因而铸成大错，成为仅次于总统蒋介石、副总统李宗仁的国民政府内第三号人物，以致后来（1948年12月25日）被新华社列为国民党的第十二号战犯。

后来，翁文灏每次回忆往事，总以弃学从政为憾，并作"时艰未许展怀抱，仓皇劳碌累风尘"之句，借以表达此种心情。

落叶归根　安度晚年

翁文灏在"暂行试任"半年的行政院长期间，目睹了国民党官场的黑暗和派系之争，觉得自己在此很难有所作为，同时他看到国民党大势已去，决定辞去行政院长的职务。1948年11月，孙中山之子孙科（1891—1973）接任翁文灏的职务。

1948年，解放战争紧张激烈，解放军连连取胜。国民党首府——南京正兵临城下，解放南京，指日可待。鉴于此，翁文灏把家眷送去台湾，而独自一人留在南京，既孤单又懊悔：悔自己当初不该从政，不该上蒋介石的贼船，为蒋家王朝卖命。他暗自下决心脱离蒋政权，但由于被新华社列为国民党战犯，也不敢留在大陆。在去向不定的时候，一天，他的助手孙越崎来到他面前，对他说：

"留在大陆吧！"

翁文灏指着放在桌上的《新华日报》上载的战犯名单说：

"你们可以留，我只有去台湾。"

1949年2月，李宗仁代总统府秘书长吴忠信辞职，李宗仁拟请翁文灏继任这个职务，就派孙越崎去征求翁文灏的意见。孙越崎说：

"现在李宗仁主和，你去做个主和的总统府秘书长，表明你的主张和政策，是个认错改悔的表现，将来也可以留在大陆。"

翁沉默不语。孙越崎回复李宗仁：如能亲自去一趟，翁会同意的。后来李宗仁亲自去他家面谈，翁同意了。1949年2月，由代总统李宗仁任命为总统府秘书长。

1949年4月22日，南京解放的前一天，翁文灏经上海去了台湾，接着又从台湾经由香港回到广州，向李宗仁辞去秘书长职务。再回到香港，住了一个多月，他每天都在考虑去向问题，回大陆还是去台湾？回大陆，怕共产党不能原谅他；去台湾，又不愿为蒋介石卖命。况且他的出生地在大陆。古人云:"树高千丈,落叶归根。无论是亲朋好友,还是同事故旧,无一不在大陆。翁文灏心里一直处于十分矛盾的状态之中。"

实际上,回国定居的愿望在翁文灏心里是根深蒂固的。一天,他对孙越崎说:

"我回国的问题,非得到毛泽东(1893—1976)主席同意才能解决,但这就太难了。"

孙越崎劝说道:"只要你有回国的决心,也不一定没有希望。邵力子在北平,可以请他帮忙。"

在上海解放的第三天,陈毅(1901—1972)市长到资源大楼接见资源委员会留在上海的主要负责人时,曾问起翁文灏先生现在在哪里?有人告诉他在香港。陈毅市长就说:

"他是书生,他留在国内,我们也不会为难他,请他回来嘛。"

翁文灏有4男4女,除次子心翰在对日空战中殉国外,3个儿子都在大陆,一个女儿在美国,3个在台湾,父亲和妻子当时也在台湾。孙越崎劝他快把父亲和妻子从台湾接来香港,迟了则怕出不来,即使将来回不了大陆,住香港也比住台湾好。翁文灏认为有理,接着他去台湾亲自把父亲和妻子接到了香港，并写信给在上海中国石油公司工作的大儿子翁心源到香港接祖父和母亲回沪，而他自己仍住在香港。

孙越崎给在北京的邵力子写信说："翁文灏也想回国，请予帮忙。"

邵力子回信："我愿意大力帮助，但要翁先写一份后悔而想回国的信，以便进言。"

孙于1949年11月4日离港转青岛到北京，带了翁的信交给邵力子，邵力子看后认为后悔不够深刻，不便送上去，要孙越崎寄回改写。

台湾省长陈诚（1898—1965）得知翁文灏仍滞留在香港后，便派人接翁去台湾。翁回绝了陈诚的好意，又拒绝了美国的邀请，但又怕遭国民党暗杀，因此临时决定飞巴黎避难。

很明显，台湾和美国都在拉拢翁文灏，而且人在法国，怕夜长梦多。孙越崎和邵力子商量，还是把原信先送周恩来总理，虽然内容不够好，但是已表示他认识错误，有返回祖国的愿望。周总理见信后当即表示：爱国不分先后，欢迎翁先生回国。关于战犯问题，总理说这是新华社发的消息，不是党和政府正式宣布的，可请他放心，党和人民是不会为难他的。

当翁文灏听到批准回国的消息后，也就是1951年2月，他心里异常兴奋，连忙收拾好自己的行李，登机直赴香港，坐船到广州，乘火车最后抵达北京。

公元1951年3月7日，北京的风仍是冷飕飕的。在北京火车站，望着前来迎接的长子心源夫妇及以前的助手孙越崎，翁文灏久久不能说出话来。还说什么呢，此时"无声胜有声"，能有今天一见，翁文灏已经心满意足了。没有毛主席、周总理及政府的信任，曾任国民党行政院院长的我能回来吗？更不用说能在此时此刻见到自己的亲人和朋友。翁文灏此时眼里已噙满了泪花，是激动、是兴奋、是感谢……抑或都有吧，连翁文灏自己也说不清楚。

回国后，翁文灏鉴于自己以前未能坚持正确的政治观点，决心努力学习毛泽东著作及其他马列著作，并草拟了"我所看到的蒋政府投美卖国的情况"、"反省以往的错误，回到人民中间"等文。这两篇文章后经邵力子、孙越崎、钱昌照等反复审阅，多次加工修改，并将文题"错误"二字改成"罪过"，最后呈交给周总理审阅。

翁文灏是一个闲不住的人，尽管他在回国初期并没有什么具体工作可做，但他还是积极阅读了中国历史，写下了340多万字的心得体会。其中他以渊博的地质知识和考古学知识所写的史前史与上古史，尤其富有科学价值。另一方面他还一直要求恢复科研工作，并托人向中央请示，他曾在《回溯吟》中写道：

枉历六旬虚用力，尚须多日苦收成。

愿以社会前途想，细绎史篇判浊清。

党中央从全局考虑，认为翁文灏更适宜在统战界工作，在对台宣传等方面发挥作用。这样，在1954年12月，翁文灏成了中国人民政治协商会议第二届全国委员会委员。1956年，他又当选为中国国民党革命委员中央常委。在党的领导下，他为人民民主统一战线事业做了大量工作，取得了很多成绩。

翁文灏曾在地质出版社担任了4年的特约编辑。此时，虽然他年事已高，但仍坚持超负荷工作，每天工作有时达11小时，并且克服了资料缺乏的困难，凭借自己深厚的基本功，做了很多翻译引进工作。其中他译的美国施罗克所著《层状岩石的层序》一书，厚达500页，行文流畅，不减当年，关于石油的翻译书籍有罗马尼亚G·马柯威著的《石油矿床学》（上、下册），还有若干论文，如卫利契的《用陆棚原理说明石油的成因》、迪凯的《产油地区的岩相控制》、巴塞的《浊流沉积和石油勘探》以及《欧洲中部侏罗纪含油的可能性和法国的产油问题》。所有这些译作，对我国新中国成立初期的石油普查勘探有很大的参考价值。

1959年以后，由于年事已高，他对地质方面的科研翻译工作已是心有余而力不足，但他还是积极关心祖国的每一项经济建设和每一项科技成果，对每项巨大成就他都会感到欢欣鼓舞，仿佛自身经历过一样。1964年参观大庆油田后，他赋诗道：

玉门草创廿年前，新行于今猛著鞭。

自惭雅轮应急用，欣看大铬掣机先。

油田宽广蕴藏厚，人力辉煌发展坚。

四年之中兴大业，光芒万丈信空前。

1970年，我国第一颗人造卫星上天，他为此写下了感人的诗篇：

旧事烟尘如水，幸新容焕发，奋起神州。

奈潜江骤病，中道弃勋优。

剩高年，眼花手弱；废残龄，祖国骓骝。

最欢歌，卫星雄放，赞赏环球。

这首诗是翁文灏生前留下的最后一首诗。

1971年1月27日，一代地质大师，中国地质学的奠基人和创始人——翁文灏在北京溘然长逝，终年82岁。

他在生前曾留遗书："我死后火化，骨灰还于大地，不要保存，不要开追悼会。"并在病逝遗嘱中说明，将自己一生的积蓄全部捐献给国家，对祖国早日完成统一大业寄予了无限的希望。

纵观翁先生的一生，他以一著名的地质学家，在国内外学术界享有盛誉，后因抗战爱国之心而半途从政，为国民党蒋政权效劳共13年。他在抗战期间做了不少有利于抗战的经济建设方面的贡献，特别是重视我国石油的开发。但后来又受蒋介石的利用做了错事，这是不能为贤者讳的。正如他自己所说："我先治自然科学，后来参加蒋政权，我自心的志愿却是想超然于政党之外，而始终没有争取正确的政治观点，以致环境之支配误入歧途，不能自拔"。这是一个深刻的历史教训。所幸他后来迷途知返，认识错误，回归祖国，投向人民的怀抱，最终为祖国作出了一定贡献，从而受到人们的称道。无论是现在，还是将来，我们都不会忘记这位地质大师——翁文灏先生！

丁文江

少年早成

　　1987年4月13日,是我国地质事业的创始人与奠基者之一——丁文江先生诞辰100周年纪念。在北京的地学界知名人士和国际友人,济济一堂,共同缅怀他的爱国热情和科学贡献,畅叙他一生勤奋好学,孜孜以求的精神。

　　丁文江,字在君。英文名字V.K.Ting,是根据上海方言拼音而成的。有时发表文章用"宗淹",是为纪念他的同乡范仲淹而取的笔名。

　　1887年4月13日,丁文江诞生在江苏省泰兴县黄桥镇一个书香门第家庭。他在全家7个兄弟中排行第二。在丁文江出生的年代，黄桥镇是一个偏僻的小镇，与世隔绝，充满了中国传统的农村气息。丁家祖辈都是乡绅，清朝时代丁家通过亲属与官宦有些联系，在本地可以说是名门大户，是有钱有势的人家。

若论丁氏家谱，丁文江的曾祖父任过浙江的一个小官职。他祖父的堂妹嫁给苏州一位著名进士。祖父本人没有功名，只是一个乡绅，从事村政和丁氏家族的一些事务，负责为亲属和当地贫穷百姓提供义地，举办种种慈善事业。

丁文江就是在这样的家庭环境中诞生、成长的。

在贤淑慈祥的母亲教育下，他自幼养成了好学的习惯。从5岁到15岁的这一段时间里，他接受的教育是围绕着科举的要求来进行的。从小熟读《四书》、《五经》、唐诗宋词、《三国演义》，以及韩愈、司马光、苏东坡等的名著，能"寓目过诵"，尤其喜爱吟诵古今诗词和题写对联。

一天，丁文江给乡村学校的小朋友们讲述七步成诗、五步成诗和三步成诗的故事。讲的是那么生动有趣，他说：

"据说三国时魏文帝曹丕即位以后，就想迫害他的弟弟曹植，他知道曹植文思敏捷，出口成章，便限令曹植在走七步路的短时间内作诗一首，如果不成就要杀头。于是曹植在走完七步时，就作成了一首诗。"

这时，一位小朋友，跟随丁文江讲故事的情节，脱口而出，开始背诵这首七步诗：

"煮豆燃豆萁，豆在釜中泣，本是同根生，相煎何太急。"

接着丁文江对这位小朋友说："这首诗，有的书上是上面这四句，而有的书上是六句，全诗你知道吗？"

那位小朋友摇了摇头说："不知道。"

丁文江背诵全诗道：

"煮豆燃豆萁，漉豉以为汁。萁在釜下燃，豆在釜中泣：本是同根生，相煎何太急。"

小朋友们惊奇地注视着丁文江，都感觉到他的才华出众，知识超群，这么小的年龄就已博览群书了，真了不起。

说完七步成诗，他又继续讲五步成诗的故事，他说：

"唐朝有个名叫史青的人，生于零陵，聪敏强记；开元年间，他上书自荐，说曹植七步成诗'尚为迟涩，请五

步成之',唐玄宗以'除夕'为题面试,他当场写成下面这首五言律诗:

"今岁今宵尽,明年明日催。寒随一夜去,春逐五更来。气色空中改,容颜暗里回。风光人不觉,已着后园梅。"

讲完五步成诗,又讲三步成诗。丁文江对小伙伴们继续讲道:

"我读过新旧《唐书》,其中还有一段三步成诗的故事。说是柳公权跟随唐文宗游览未央宫,唐文宗对他说:'我有一件喜事:过去赐给守边将士的衣服久不及时,今年开春就把春衣发下去了,你可贺我以诗。'柳公权立即写成,唐文宗十分喜悦,当面夸奖他超过'七步成诗'的曹植,说:'子建(曹植字)七步,尔乃三焉。'"接着丁文江背出柳公权的三步成诗:

去岁虽无战,今年未得归。皇恩何以报,春日得春衣。

挟行非真行,分衣是假衣。从今貔武士,不惮戍金徽。

故事讲得有声有色,他把诗融在动听的故事中,这是一种难得的本领。

老师很喜欢丁文江聪颖的天资。一天，老师要考他作对联的本事，便出了上联：

"愿闻子老，"

丁文江应声对出下联：

"还读我书。"

老师称赞他是神童。其实，丁文江学习对联知识由来已久了。他爱好各种对联，而且特别青睐巧用数字作对联。他觉得这种对联对仗工整，明朗易懂，突出了对联的表现力。他能吟诵清代诗人陈沆赴京赶考途中，船夫考他的那副对联：

"一帆一桨一渔舟，一个渔翁一钓钩，一俯一仰一顿笑，一江明月一江秋。"

11岁的时候，丁文江写出了《汉高祖明太祖优劣论》的政论文章。汉高祖刘邦是汉朝的开国皇帝，明太祖朱元璋则是明朝的开国皇帝。要论述他们谁好谁劣，需要通读汉史和明史，从政治、经济、文化、治国方略等多方面加以论述。这对一个只有11岁的学生来说，实在很不容易。然而，当时的丁文江却完成得很好。

丁文江在少儿时代，除了读过很多文史书籍以外，还埋头研究过那些胸怀大志的文人学士的思想。对清代伟大学者顾炎武、黄宗羲和王夫之的著作,他特别爱好。

13岁时,丁文江以优异的成绩从泰兴学校毕业了。家里本想送他去上海南洋中学深造,这是中国第一所完全采用西方教学方法的中学。然而,他幸运地遇上了从长沙来泰兴任知县的龙璋先生。龙先生是来自西方的"新学"学派的门徒,他在县城里办起一所新的学校。

丁文江14岁时,龙璋先生听说他有奇才和宏大的志愿,就让他的父亲带丁文江到县衙去面试,出的题目是《汉武帝通南夷论》。丁文江作文阐述,条理分明,先生看完后,感叹不已,认为他就是"国器",并收为弟子,而且还劝告丁文江的父亲,送他去日本留学。

海外求学

龙璋先生认为像丁文江这样出类拔萃的人才，在当时的条件下，唯一的培养途径是出国深造。泰兴是个一向闭关自守的小县城，乡绅们思想守旧，对于出国学习有很多疑虑，几乎所有的人都不赞成把孩子送到国外去学习，而对丁文江来说，他的母亲刚刚去世，父亲坚持认为居丧期间，不宜出门，否则就是不孝。

出国留学的费用很高，全由自家负担，就是当时有一定社会地位的家庭也负担不起，何况丁文江的兄弟又多，无论选送谁出国留学，也得借债，这就等于拿全家人的前途来冒险。当时丁文江的哥哥丁文涛也想出国学习，然而自认不及丁文江聪颖过人，理应推他出国深造。全家老小一致决定送丁文江到日本留学。

1902年秋天，丁文江乘船东渡日本，这年他才15岁。他住在东京神田区的平民家里，结识了许多中国留学生，大家一起参加"谈革命，写文章"的活动。丁文江在日本的一年多时间里，没有进过正规学校。他把主要精力用在参加政治活动上，而把学习抛到脑外。说得具体一些，是参加"变法维新"的改良活动。

当时正值康有为、梁启超为首的改良主义者和以孙中山为代表的革命民主派，在日本论战。他们为实现奋斗目标而争取海外学生。丁文江受梁启超的影响很深，他把政治热情投向了康、梁自上而下的"变法维新"运动。

以孙中山为代表的革命民主派所宣传的革命主张，在当时的日本留学生中，影响一天天扩大。抨击清朝政府，鼓吹革命的书报杂志，纷纷在东京出版。曾经以"变法维新"而名噪一时的康、梁的主张，已经落后于时代，在留日学生中的影响越来越小，而且被不少人称作"保皇党"。丁文江的思想发生了转变，他想到英国去留学。

丁文江怎样想到去英国学习的？说来话长。原来有一个名叫吴稚晖的留日学生，因为在日本宣传革命，反对清朝政府，被日本政府以进行反动煽动为名，把他驱逐出境了。于是吴稚晖来到英国的苏格兰，在那里从事生物进化论和古生物学的研究。1904年春，吴稚晖给丁文江的朋友来信，信中轻蔑地写道：

"日本留学生终日开会，吃中国饭，谈政治，而不读书。"

吴稚晖作为一个革命的无政府主义者，后来成为孙中山的追随者，在留日学生中享有较高的威望。因此，他的批评在日本留学生中有一定影响。

吴稚晖在来信中还说：据估计，一个中国人在英国的生活费并不算高，只要有600元收入就可以在爱丁堡学习西方知识了。这封信在留日学生中流传比较广泛，后来传到丁文江手里，他看信后很受感动，于是与好友李祖鸿、庄文亚商量，决心共同到欧洲去学习。

丁文江在3人中年龄最小，但是能量最大，办法也比较多。他出面说服了李祖鸿的父母，也说服了他自己的父亲和兄弟们。他把3个人身上仅有的钱集中起来作路费，统一掌管，以便节省开支。

1904年3月，丁文江等一行3人登上了赴英国的轮船。由于他们经济拮据，本想购买票价低廉的日本轮船票，但由于日俄战争，日本轮船不能保证安全，不敢乘坐，所以买的是一艘德国轮船票。当他们交付船票钱和其他杂费后，3个人只剩下15英镑了。很显然，这点儿钱，要去英国是很不够的。

当时，丁文江等人的世界地理知识十分贫乏，就连去英国怎么走，要多少时间，有多少里程，都一无所知；从伦敦到爱丁堡还要乘很长一段火车，就更是茫然了。所以，他们这次欧洲之旅，像我国关里人挑着担担闯关东一样，是水上的浮萍，没有根的。

由于无知，尽管钱少，他们也无忧无虑，反而被大海、波涛、蓝天与水鸟等自然景色所吸引，陶醉在梦幻与理想之中。他们早就得知，维新派首领康有为在改良失败以后，流亡到新加坡的槟榔屿。尽管他们与康有为的主张是格格不入的，但丁文江仍然提议去拜访这位伟大人物。

在新加坡的槟榔屿，3位青年对康有为进行了礼节性的拜访。康对这3位年轻人极为关怀，"授之以鼓励和告诫之辞"，并馈赠给他们10个英镑，还写信叫他们到伦敦后，去找他的女婿罗昌。后来，罗昌见岳父的来信，又资助了他们20英镑，这样，才得以渡过难关。

在热心人的帮助下，丁文江等3人终于到了苏格兰。

当他们在爱丁堡找到吴稚晖时，经过交谈才了解到，这里的情况并不像吴稚晖在信中所说的那样好过，连他本人目前也身无分文，几乎是穷困潦倒，无所事事。经过吴稚晖的努力，庄文亚同吴稚晖一道去格拉斯奇的船场打工，丁文江和李祖鸿被一位素不相识的好心人搭救了。

这位好心人名叫史密斯，是位行医的传教士。当他了解到这两位中国穷困青年想进高等学府接受教育，但又毫无考试准备时，史密斯医生就建议他们到他的家乡林肯郡的司堡尔丁（Spalding）去念中学，然后再考大学。

丁文江和李祖鸿，接受了史密斯的建议，跟随他来到司堡尔丁中学。他们住在这个朴素的乡间小镇上，由史密斯作保证人，开始了两年的中学学习。在这里，丁文江得到了中学正规教育，学习了数学、历史、地理、物理、化学、拉丁文和法文等。在两年中，他跳了3个年级，完成了英国中学6年的课程，还得了好几枚紫铜奖章。

1906年，丁文江考入英国剑桥大学，此时他已获得中国政府奖学金了。学了一个学期，但由于负担不起生活费和学杂费，又离开了剑桥大学，从而中断了学业。1907年春，才回到英国转入格拉斯哥工业学院预科学习，1908年转入格拉斯哥大学学习，花销少一些。在这里他专心攻读动物学和地质学。开始时，他以动物学为主科，以地质学为副科。1910年又主攻地质学，以地理学为副科。1911年，取得了格拉斯哥大学动物学与地质学双学位。

英国是近代地质学和古生物学的发源地之一，这里拥有近代地质学史上许多赫赫有名的地质学家。丁文江把原来是副科的地质学，转为主科，是很有远见卓识的。在他看来，由于中国的近代科学落后，采矿业被外国人控制了，只有学好地质学，并直接应用到采矿业中去，才能有自己采矿的主动权。于是，丁文江立志要成为这方面的中国技术专家。

1911年4月，丁文江离开英国，回到了阔别7年的祖国。旅欧学习、深受西方文化的影响，奠定了丁文江学术成就的雄厚基础。用他的亲密好友胡适的话来说，丁文江是"一位欧化最深的中国人"。

罗素说："他掌握多种语言，他那直率的讲话方式，乃至他的小胡子和对雪茄的爱好，有时使一些老派中国人感到不快。他的朋友们十分有把握地说他是一个'地道的中国人'，而那些不是他朋友的人则痛惜他忘了本。实际上所有这些议论的真正根源在于，丁文江在英国就掌握了一个科学家的国际性专业和思维方式。"

开创中国地质科学事业

1911年4月，丁文江踏上回国的征途。5月在越南海防登岸，开始了回国后的第一次旅行。他希望看看祖国的山川地貌，考察祖国西南和中南的地质情况。他坐火车直达昆明，穿过云南、贵州、湖南等地。一路上以火车、江船或汽车为交通工具，每到一地就徒步登山，或沿途饱览祖国锦绣山河，或从事民俗地理、地质考察。满怀对地质和矿产资源的极大关切，足迹踏遍了偏远的山区村寨、人迹罕到的高山和峡谷。每到一处，他都作地质记录和地貌地物描述，绘制地质地形图件。

旅行中他带了一本中国地图。在使用中，他发现图上的地形地物与考察的实际情况不符。原来这是一本中国和欧洲人翻印的地图，是以17世纪天主教教士为康熙皇帝准备的地图为底本编制而成的。在当时广泛使用的地图册中，既有乾隆年间武昌舆地学会印制的，也有上海商务印书馆出版的。其实，都是照抄康熙时代的原本。显然，这些地图缺乏地形资料，没有标出偏远山区的地形特征，皇家信使的驿道，当然康熙以后新修建的道路、桥梁，更未能标在图上了。

见此情景，丁文江决心要编出新的中国地图来。20年后，他同翁文灏、曾世英，参考他第一次国内旅行中积累的制图测量资料，共同编辑而成《中国分省新图》，这是中国第一本完整的现代地图册。由中国申报馆于1934年出版。这本图册具有划时代的意义。20世纪50年代，中印边界谈判时，中国政府就是以这本地图册为谈判依据的。

考察结束后，丁文江回家小住了几天，就去北京参加"游学毕业考试"，结果获得"格致科进士"及第。在"衣锦还乡"的途中，到苏州与史久元女士结婚。史女士是一位才貌双全，很有教养的小姐。婚后，他们生活十分美满、幸福，遇事夫唱妇随，配合默契，水乳交融，相亲相爱。美中不足的是他们终生没有子女。

不久，辛亥革命爆发，丁文江谢绝了去南京当共和军司令徐国卿的秘书职务。而以传统乡绅的身份担负起保护家乡的领导工作，在泰兴县组织起地方保卫团，抵御匪徒和散兵们的袭扰。

1912年，丁文江应上海南洋中学校长的聘请，在南洋中学担任化学、地质、动物、英文、西洋史等课的教员。他知识渊博，讲课生动有趣，深受学生欢迎。在讲课中，他将生物的进化论观点编入了《动物学》教材中。当讲地质课时，他还发现该校教师在课堂上只能讲一些像"侵蚀"一类的基本概念，没有矿物、岩石、古生物标本，也没有一张像样的挂图。当时在中国很难找到一本很好的地质教材，他也为此而焦虑。

1911年至1912年冬天，南京政府决定在农商部矿政司下，设立地质科。1913年2月，农商部迁到北京接受统一的共和政府的领导，丁文江应北京政府农商部矿政司司长张轶欧的聘请，任地质科科长（章鸿钊为前任科长）。在丁文江的领导下，地质科发展成为中国地质调查所，直至1921年，他一直担任地质调查所的领导职务。

当时，中国的地质科学还处在萌芽状态，基础很薄弱，人才奇缺。丁文江注意到早在1872年，在江南兵工厂工作的华衡芳，把英国著名地质学家莱伊尔著的《地质学原理》译成中文，但很少有人去读这本书。因为译者不懂地质，翻译过来的名词、概念令人难以掌握。丁文江决心翻译一些地质书籍，以便大家学习地质科学。

旧中国，地质事业无从谈起，地质成果几乎等于零。在丁文江上任矿政司地质科长的1913年，这个科只有3个科员，他们对地质领域的知识是一无所知，就连北京附近西山有一个著名的煤田都不知道，所以当时的地质科只不过是个处理官方公文的机构罢了，哪里谈得上什么地质科学。

作为发展地质科学的引路人，丁文江和章鸿钊致力于创办地质机构，培养地质人才，翻译地质书籍，引进地质学家等等。在矿政司张轶欧的支持下，大胆改革机构，把仅仅是职能机构的地质科，改组为工作机构的地质调查所，同时筹办了地质研究所。丁文江和章鸿钊着手翻译德国学者费迪南·冯·李希霍芬（F.Von Richthofon）的著作，该书是他从1868年起，在我国进行的7次旅行考察后所写成的5卷著作和一册地图集。这是唯一的描述我国大面积领土的参考资料，它为中国地质工作者奠定了大部分地区粗略的地质基础。

然而，李希霍芬曾对中国地质界作过评论："中国的文人们性情懒惰，他们历来不愿意很快行动。在大多数情况下，他们既为自己的贪心而烦恼，又不能把自己从关于礼节和体面的固有成见中解脱出来。按照他们的观点，步行就是降低身份，从事地质行当在人们心中就是斯文扫地。"

丁文江对李希霍芬的诽谤反应十分激烈。他把李氏这段话收录在他写的《中国地质学会志》第1卷第1期英文序言的开头。在反驳李希霍芬诽谤的同时，又抨击社会上对于地质工作的轻蔑，而丁文江又以身作则，跋山涉水地去做地质调查、找矿、绘制地质图等。

大力培养地质人才。刚刚成立地质调查所的时候，全国没有几个懂地质科学的人，地质工作无法开展。于是丁文江决定：从培养地质人才入手。他同章鸿钊先生一起，办起了以培养人才为任务的地质研究所。1913年10月开学，1916年7月结业，共培养出22名地质毕业生。丁文江、章鸿钊、翁文灏等亲自讲课，为培养我国首批地质人才作出了巨大贡献。

聘请外国地质学家来华工作。丁文江重视吸收外国先进的科学成就，引进外国地质学家来中国进行地质工作。丁文江在地质研究所、地质调查所工作期间，聘请了好几位学有专长，有一定声誉的外国地质学家来华工作。1920年，请了美国地质古生物学家葛利普（A.W.Grabau，1870—1946）。此人对我国地质古生物事业起了巨大推动作用。他不但在北京大学地质系教学，还兼任地质调查所古生物研究室主任。当代已故著名地质学家高振西（中科院院士）曾经说过："今日之中国古生物学家，如云铸、杨钟健、斯行健、黄汲清、张席禔、乐森璕、朱森、陈旭、许杰、计荣森等，直接为葛利普先生之高足，而间接为丁先生所培植"（见《丁文江先生与中国科学之发展》）。

丁文江还聘请了德国学者梭尔格教授（在中国待了3年，在第一次世界大战爆发时回国去参加德军）、瑞典学者J·G·安特生（曾为《瑞典地质勘探》的主编，同时带了两个助手来中国担任农商部的顾问，在中国只待了1年）、法国学者德日进（1881—1955）等等。这些专家在中国工作期间，作了许多野外地质调查，奠定了我国的古物生、构造地质、矿产等多方面的基础地质工作，对我国近代地质发展起到了积极的推动作用。这些成果的取得，与丁文江的精心筹划、领导是分不开的。

在20世纪20年代后期，丁文江虽然辞去了地质调查所所长职务（在北票煤矿当总经理），但他一直担任《中国古生物志》的主编，地调所新生代研究室的创建和研究计划的实施，也还凝结着他的心血。他始终如一地关心着中国的地质调查的发展。

丁文江还主办两个学术刊物，即创刊于1919年的《地质汇报》和《中国古生物志》。他担任《中国古生物志》的主编，前后达15年之久，一直到他逝世。这两种刊物都是以英文和中文出版的，很快在国际学术界中传播开了，权威性也越来越高。

1922年，丁文江和地质调查所的同事们，邀请在北京的中外科学家加入国际性的组织"中国地质学会"。同年3月，丁文江主持召开了有26个会员参加的组织会议。这是完全由中国科学家发起和组织的，仅次于医学会的学术组织。

中国地质学会很快出现了自由讨论的学术风气，并出版了《中国地质学会志》（英文），丁文江身兼学会理事，会志主编，并多次担任学会理事长职务。丁文江为创办中国的地质学会组织，付出了很多心血。

科教兴国的实干家

美国有个夏绿蒂·弗思夫人,她于1969年撰写了一本约20万字的书,起名《丁文江——科学与中国新文化》。作者在序言中写道:

"……丁文江其人很难归于哪一类人物。从专业上讲,他是一位地质学家。在旧中国混乱的年代里,他或许是少数(几位)受过西方教育的科学家中最著名的先驱者,然而,他又是政府官员、新闻记者、企业家、政治家和教育家——是20世纪20年代和30年代北京学术界的一位领袖,同时也是'新文化'运动的重要人物之一。"

她还指出:"作为一位杰出的科学家,他是第一位这样的中国人，既从技术观点又从哲学观点研究西方的科学，感到根据科学的思想原则教育同胞是自己的责任……"又说："丁文江所渴望发挥的这种作用——科学家作为文化的和政治的领袖——在中国的历史经验中是前无古人的。"

夏绿蒂·弗思夫人认为，丁文江就是中国的赫胥黎，是二三十年代提倡科学、促进新文化发展的代表人物。赫胥黎（Haxley Thomas Henry，1825－1895）是英国的博物学家、哲学家、生物学家。作者把丁文江说成是中国的赫胥黎，我想可能在于他们都是博学多才的学者，既在自然科学上有突出贡献，又在哲学和其他社会科学领域有所成就吧！

1913年10月初，在丁文江和章鸿钊的筹划下，地质研究所在北京大学预科旧址马神庙开学了。当时的北京大学地质系，已濒于停办。丁文江说服了北京大学的领导们，从北大地质系借来少量的地质仪器，例如罗盘、放大镜、锤子和鉴定古生物、矿物、岩石用的显微镜等仪器，还有一些教学用的挂图，以及矿物岩石、古生物化石和矿石标本。北大地质系还提供师生的食宿场所。丁文江和章鸿钊两人既是学校的管理人员，同时也讲课。就这样，我国第一个地质学培训班办起来了。

当时，地质研究所的学生，都是来自中学或同等学力的学生。入学后不缴纳学费、住宿费和野外实习费，这些费用都由地质研究所包下来了。学制为3年，每学年为3个学期，即从9月至年底办第一学期；1—3月为第二学期；4—6月为第三学期；7—8月为暑假，另外还有10天年假，课程门类很多，要求很严格，1915年学校根据当时我国的国情，制定了"学理为辅而实用为归"的方针，决定废除专业课的分科和一些理性课程，增设采矿学、冶金学等实用课程，同时增加野外实习时间。

丁文江和章鸿钊在教学过程中，十分重视实践教学，野外实习时间也较长。1915年春天，丁文江带领学生去河北、山西边境，经西山斋堂一带以达蔚县一带作地质旅行。当时培训班学生、后来的地质学家朱庭祜回忆说：

由于"山高路险，同学们初次锻炼，多叫起苦来，丁用种种方法，鼓励大家，每天必须达到目的地止。如将到目的地而时间尚早，则多绕一点山路，多看一点地质，沿途还要考问。"

同年11月，"又往东旅行，翁文灏教师亦同往……这一路多荒僻山陬。徂徕山的高度和泰山相差不多，同学们因连日登一千四五百米的高山，甚是疲劳，膳食仅带几个馍馍。这类生活，一向不习惯，加上精力不济，故爬山落在后面；独丁（文江）精力充足，迅步向前，还常唱歌或背诵诗句来鼓励同学们向前。"

师生实习地点，近在北京郊区，远至山东、江苏、浙江、安徽、江西等省，每次实习之后都要写实习报告。有一本《农商部地质研究所师弟修业记》，是中式印刷品，共72页和一些图件，就是由当年学生实习报告中的材料编写而成的。这本书成为我国第一本区域地质学论著。

丁文江和章鸿钊都是兼职教员，只有翁文灏一人是专职教员。丁文江主讲古生物学、地质学等课程；章鸿钊讲授普通矿物学、地史学等课程；翁文灏讲授地质学、造岩矿物学、岩石学、矿床学等课程。连农商部部长张轶欧也讲课，他讲授冶金学。

1916年7月14日，地质研究所举行毕业典礼，22名第一批地质学生毕业了，这也是地质研究所的最后一批学生，他们带着发展中国地质事业的重任，奔赴矿山和各地质岗位，在这些学生中，有不少成为近代中国地质事业的栋梁。在他们的艰辛努力下，神州大地上，一个个铁矿、煤矿、油田，以至所有国家建设所急需的矿产原料，被勘查清楚，一座座矿山建立起来，满足了国家建设的需求。

地质研究所培养了一批中国最出色的地质学者，奠定了近代中国地质学的基础、地质和找矿地质学的基础。在1916年的这批毕业生中，有18人立即被聘为地质所的研究人员，从事地质研究工作，而部分出色的毕业生，则被派往国外攻读硕士学位。

经过地质研究所丁文江、章鸿钊、翁文灏等严师的培养，出现了在中国地质事业中很有威望，很有学术成果的一批高徒，例如曾任北京大学地质系主任、矿产测勘处处长的谢家荣；曾任中央大学地质系主任的李学清；曾任中山大学地质系主任、中央研究院地质研究所研究员的叶良辅，以及地质成果累累，作出很大贡献的谭锡畴、周赞衡、王竹泉、朱庭祜（曾任贵州地质调查所所长）等。

作为一名教师，丁文江很注意实地考察，他的学生每周都要去北京郊区进行野外考察，他经常告诉学生们说：

"移动必须步行，登山必达顶峰。"

1917年，蔡元培任北京大学校长恢复了地质系，而此时丁文江仍担任地质调查所所长工作，他对北大地质系的现状和发展十分关心。1920年，他对北大地质系第一批毕业生进行了一次考试，发现有的学生连岩石鉴定的基本功都不掌握。因此，他提出对学生的教学要看重基本功的培训。

丁文江与蔡元培共同研究如何提高北大的教学质量问题。他们作出了两项人事任命，由北大和地质调查所共同聘请李四光和葛利普来北大任教。当时李四光刚从英国学成回国，是著名的岩石学家；葛利普是一个杰出的古生物学家。他们为中国培养地质人才起了重要作用。

1924年，丁文江在一次讲演中宣布，他相信北京大学的地质学教育已经成熟，同国外的许多学校比较有过之而无不及。在强调注重野外实际考察方面，已超过美国等西方国家。丁文江引以为自豪的是，中国地质工作者一般都具备了一专多能和强壮的体魄，他们学会了自己绘制地质图的本领。到1930年时，丁文江还自信地告诉朋友陶孟和（新中国成立后为中国科学院第一任副院长），再无须偏爱外国毕业的地质系学生，预料中国地质系的毕业生同外国的地质系毕业生从此可以并驾齐驱了。

跋山涉水路途遥

从1913年12月到1914年1月。丁文江把地质研究所所长的职务推给了章鸿钊，他就和德国来华工作的梭尔格教授、王锡宾等人，去山西对太行山脉进行地质考察。这是地质调查所成立后的第一次野外调查，也是"中国人进行系统的野外地质和地质填图的开始，值得大书特书"。这次调查的成果《调查正大铁路附近地质矿务报告书》，刊登在1914年出版的《农商公报》第1卷第1期上。对于这次野外考察，丁文江在他的《漫游散记》中写道：

"我初次在北方过冬，御寒的衣具本来不完备，而这两星期中，早上出门的时候，温度均在零下8℃，最低的时候到零下18℃，上浮山遇着大雪；上蒙山遇着大风——在蒙山顶上，12点的时候，温度还在零下10℃，所以很苦。但这是我第一次在中国做测量地质图的工作，兴趣很好，回想起来，还是苦少乐多。"

时隔不久，即1914年春天，丁文江又携篷帐、仆五、骡马九，独行滇东、滇北二百余日。这是中国人第一次对边远地区的大规模地质工作，重点调查了个旧锡矿、东川铜矿。这段时间里，他还两渡金沙江，对四川会理一带及贵州的威宁一带也进行了地质调查。

在西南作地质调查的同时，丁文江还对各少数民族风俗习惯和人种学进行了研究。祖国西南的云、贵、川三省，是少数民族集中居住的地区，然而由于交通很不方便，许多少数民族的风俗、人情，甚至有的民族还鲜为人知。丁文江通过调查，把土著方言记录下来，按地区绘图，并且收集了罗罗族的宗教碑文。在与少数民族生活的日日夜夜，他记下了内容丰富，生动有趣的旅游日记，其中包含了少数民族同胞的生活习俗、服饰、农耕兽猎等。此外，还有对山水风光、自然地理的记载和描绘，对奇闻逸事的记述。日记中，也反映了旅途中的艰辛，但他总是抱着幽默、乐观的态度去对待艰难险阻。他著的《漫游散记》是用英文写成的每次考察的专业笔记，后来由地质调查所汇集在《丁文江先生地质调查报告》中。这是一份宝贵的地质历史资料。

丁文江是到云南、贵州进行地质考察的先驱，这些地方，在历史上只有为数很少的人去考察过。例如，法国地质学家德波（Deprat）于1909年只作过短暂的停留。17世纪的探险家徐霞客去过，当时他发现金沙江实际上就是扬子江（长江）的上游。丁文江沿着徐霞客的考察路线，除了证实徐霞客的论述符合实际以外，还发现了这一地区地质构造的特征，为现代地质科学奠定了基础，在地理学上，填补了徐霞客等前人所遗留的空白。在古人类学上，他收集了数以千计的标本，这些标本后来运回了北京。

在西南地区考察，是丁文江一生中最快乐的探险之一。这里的风景绚丽多彩，是杭州传统风景所不能相比的，西双版纳的热带雨林、路南的石林、大理的秀丽风光，都会使杭州西湖风景黯然失色。丁文江已经陶醉在这祖国山河的美丽之中了。丁文江感到惊险的是那些崎岖险峻的山路，他穿过了靠近西藏边界的人迹罕至的山峦，其中有的是中国境内的最高峰，汹涌澎湃的金沙江就在眼前奔腾而过。金沙江和它的支流流经的地方，到处都是高山险壑，深谷绝壁。这里的气温多变，真如古人所说"早穿皮袄午穿纱"，每天气温高低相差30℃左右。由此可见金沙江水系和地形的奇妙和复杂了。从这一带穿过，他们经常是行走在那些山腰间危险的羊肠小路上。丁文江感到痛心的是，这里治安状况很差。在那些偏远而落后的山区带着帐篷、标本箱、骡队，翻山越岭，走在山间崎岖不平的小路上，有时候几天都遇不上一家人烟。

1929年3月，丁文江的同事赵亚曾与黄汲清，由四川政府分路进入云南、贵州调查，然后向东行与丁文江会合。丁文江说四川到云南的路上不安全，土匪多，曾经给赵亚曾打电报，叫他到重庆同行，赵亚曾回电说：

"西南太平的地方很少，但我还是决定冒险前进。"

赵亚曾按计划由叙府南行，沿途测制路线地质图，采集化石标本。11月15日夜间，来到云南昭通的一个客栈住宿，一伙土匪看见他们挑着几大木箱东西，又沉又重，里面必是金银财宝，于是闯入房间抢劫。赵亚曾看见土匪闯入客栈了，他不是设法躲避，而是竭力去保护地质调查所的地质图。匪徒打开化石标本箱，即行抢劫，赵亚曾同匪徒争斗起来，一匪徒拔出枪来，竟将赵杀害了。

当赵亚曾被匪徒杀害的噩耗传来，丁文江悲恸欲绝，泣不成声。深为我地质人才惨遭劫难而痛心。在赵亚曾牺牲后，一直负担赵亚曾长子的教育费用，即使在休假时，丁文江夫妇也常把赵子携带身旁，视如亲子。在抗日战争中，赵子参加国民党空军任驾驶员，与日军作战中负伤。20世纪50年代在台湾飞机训练时失事身亡。1986年赵亚曾夫人已80多岁，居住在北京。

在云南少数民族地区，丁文江和不少土著居民交谈，和他们交朋友。在个旧时，他曾同一位少数民族头领讨论了许多历史问题和发展地区经济问题。每当他们看见丁文江放着轿子不坐，却徒步跋山涉水时，就觉得汉族同胞是可以亲近的。

丁文江穿过威宁县，来到了元谋县。金沙江在这里弯曲成马蹄形，江水缓缓流过，河水清澈见底。当他目睹这万里长江的上游时，感慨万千，祖国之伟大真令人自豪。丁文江从马蹄形顶部的古老渡口处渡过了金沙江，来到会理县，他们勘测了环绕会理县城的雄伟庄严的龙爪山和鲁南山，这是此山历史上第一次被勘测。此后，丁文江顺着支流返回金沙江。沿途他领略了江水奔泻而下的壮举，沿着逐渐加深的道道峡谷，一直涌向与金沙江的汇合口。

接着，丁文江又勘查金沙江东边的荒山野岭，这是夹在普渡河和小江之间的杳无人迹的山岭。在这里丁文江登上了海拔4 145米高的牯牛寨，这是云南省的第一高峰。当他考察小江两岸壮丽的高山和峡谷时，他发现小江峡谷是中国最深的峡谷，比美国的科罗拉多大峡谷还要深1 300多米，这是一个惊人的大发现（现在中国最深的大峡谷应是雅鲁藏布江峡谷，深为5 382米）。

在穿越金沙江流域的旅途中，丁文江对一些小型的天然铜矿进行了考察。在会理县的青矿山，他参观了当时中国唯一的镍矿。

在这一年中，丁文江最后来到东川铜矿的开采中心，又考察了宣威附近的煤田，他作了铜矿的储量计算和矿山历史研究。清朝时期，皇家垄断开采铜矿，成为清政府用来造币的原料。后来几经易主，管理混乱，到丁文江去东川铜矿考察时，已经无力使矿山实现现代化生产了。于是丁文江在调查研究的基础上写出了情况报告和改革建议，由于他的建议，使矿山管理得到了改善。

离开东川后，丁文江继续东行，然后进入贵州，经过曲靖、陆良等地，最后回到昆明，结束了他一年多的野外地质考察。1915年2月，回到北京，又到地质训练班上课，继续从事培养中国地质学工作者的工作。

一个采矿实业家

作为一名科学家的丁文江，于1921年作出了一件令人惊讶的决定：把专职的地质调查所所长职务交给翁文灏来担任，而自己则到北票煤矿任总经理。引起他弃官当实业家的主要原因，是由于家庭经济拮据，为了找出一条克服穷困的路子来，不得不放弃科研，投身矿业。

1914年丁文江的父亲去世了，家里没有其他经济来源，依靠他的薪水来供弟弟们受教育，微薄的薪水哪能满足需要呢？实际上他早已担负起养家的重担了。27岁的丁文江为整个家庭的主心骨。他有5个弟弟，年纪很小，需要他的悉心照料。其中有3个弟弟与他属同父异母关系，是他留学期间出生的。他需要供4个弟弟和一个侄儿进中学和大学读书（其中一人在外国留学），还要接济一些生活贫苦的亲戚。为尽到这种义务，他每年要花费3 000元之多。不久弟弟文渊就要到瑞士和德国留学，路费和学费都要由他来筹集，手中没有钱是不行的。另外一个原因，就是由于反动军阀的干扰，科学工作受阻，有些事情真是"秀才遇到兵，有理说不清"。

由于家庭负担过重，对国家忧虑太深，使丁文江早年就有成为一名伟大科学家的理想受到冲击和干扰，只有绕过暗礁之后，再来拨正航向，朝科学的彼岸驶去。尽管如此，他仍然从事着科学普及的活动，他的精力越来越多地转向写一些通俗读物了。他收集了当代采矿操作技术的许多材料，写成了《外国矿业投资史料》和《五十年来中国的采矿业》。此外，在1921年至1926年期间，他还担任着地质调查所的《中国矿业纪要》的编辑，为读者编辑出版了许多好的科技文章。

学术上，丁文江曾对山东南部的峰县煤田进行了详细而深入的研究，为那里的中兴煤矿制订了开采方案。为龙烟铁矿的开发进行过研究，是龙烟铁矿的创办人之一。

丁文江前去当总经理的北票煤矿是个老矿，当时已经衰败不堪。1922年成立北票煤矿公司，由刘原生（丁文江的同乡，朋友）任董事长，丁文江任总经理，管理委员会的委员由7位商人、4位政府官员组成。在丁文江的主管下，一些技术问题都是由他来解决的。当时煤矿的采掘很落后，都是土法开采，这样只能采掘30%—50%的煤，而浪费70%—50%的煤。在丁文江推广了国外和山西的先进采掘方法之后，就可以获得90%—95%的煤了。此外，土法开采还把煤田破坏了，不能再进一步开采，因为原始的人工采掘，坑穴和洼地遍布，地表裂隙纵横，地下水逐渐上侵地表，而且灌满这些坑穴，煤矿就不能继续开采了。经过丁文江的规划、整治、开采条件得到改善，并逐渐转入正规，挽救了一个矿山。

20世纪20年代后期，在丁文江的操持下，北票煤矿已变成了经济效益很高的小型煤矿，变成了具有一定机械化程度的煤矿了。这时矿上已配备了最主要的机械设备，包括一座发电厂，可用来带动小型机械水泵、排风扇、轨道缆车和起重机，还有两台机械选矿装置。矿山职工发展到3 700人。

在丁文江等人的管理下，北票煤矿蒸蒸日上，它的发展走出了丁文江本人的预想。自1921年至1930年的10年间，原煤的生产数字完全可以说明他卓有成效的工作，这些数字是科学管理的成果。

时间（年）	产量（吨）	时间（年）	产量（吨）
1921	7.716	1926	153.462
1922	25.808	1927	286.087
1923	29.536	1928	367.009
1924	63.384	1929	406.427
1925	144.758	1930	509.872

当时，要发展北票煤矿的生产，除一些技术问题以外，还牵涉到国内的政治纷争。北票煤矿位于当时的热河省的朝阳县（现属辽宁省）境内，属于东北督军张作霖的管辖范围。因此，丁文江不得不经常去沈阳同当局谈判。北票的煤必须依靠京奉（北京至沈阳）铁路系统，把煤炭运到沈阳和营口等地，供沈阳做燃料之用。在营口装船外运，铁路运输费平均要比生产成本费多一倍，而且铁路运输不够正常，经常是有煤运不出去，这些问题都是由丁文江出面谈判，商讨解决。

在如何发展北票煤矿生产上，丁文江主张由私营企业转向与外国资本合资的企业，中国现有条件下，可以促进企业发展和提高技术效能。他支持中国政府关于鼓励中外联合开办矿业公司的方针。这种矿业公司要尊重中国的法律，中国资本名义上至少要占50%。在这种主张下，1922年由农商部统计的22个比较成功的企业中，绝大部分都是中外合资兴办的。

1922年8月出版的《努力周报》第14期，载有丁文江著的《裁兵计划的讨论》一文，可以看出丁文江的倾向，文章说：

"照我们国家的现状看起来……私人办的盐垦，四百万资本可足用，国家办起来，八百万未必就有成绩。包工修的路，一块钱一尺，可以支持三年，工兵修的路，两块钱一尺，还支持不了两年。人才的缺乏，组织的幼稚，官僚的恶习，聚在一处，哪里能有好的结果呢？"

丁文江最大的愿望是能有一个秩序稳定、忠于职守的政府，若是财政有了办法，财产有了保障，交通去了阻碍，国民经济，是没有问题的。

丁文江在北票煤矿的工作表明，他在工程技术方面的成就是比较突出和明显的。在他的努力下，技术问题得到一定程度的改善，机械化程度得以提高，煤的产量上去了，但是，不稳定的政治秩序，却阻碍着企业的发展，他的良好愿望只有落空了。

最后的地质生涯

1925年秋，丁文江辞去了北票煤矿总经理的职务，1926年5月至12月，在统治长江下游五省的军阀孙传芳名下，出任淞沪商埠督办公署的总办。丁文江就任军阀孙传芳赐给的这个要职，使很多人不理解，认为不可原谅。在国民党看来，他站在北伐的敌人一方；在朋友们看来，他支持混战的军阀之一；在革命左派看来，他像奴才一样为军阀和帝国主义者效劳。遭到大多数人的唾弃，使他的名声蒙上一层阴影。

1927年，在丁文江的一生中是个转折点，他辞去淞沪商埠督办公署的总办职务，隐退回到北京。几个月之后，由于张作霖的敌意，他被流放到大连。这时他感到了政治失宠所带来的痛苦后果。他面临着失业以及与首都科学界的隔绝。在大连他的经济十分拮据，生活穷困潦倒，妻病没钱医病，住在未过门的弟媳妇家里。然而，丁文江并没有被厄运所吓倒，他把大部分时间用于完成他那本《徐霞客游记》，该书于1928年出版。

1928年初，丁文江被广西省立大学聘去广西，给该大学的暑期班学生上课。后又被广西地方当局聘请，于1928年3月到12月，在西南作矿产资源调查。在这次地质调查中，他搜集到了可贵的丰富的第一手资料，后来写成《中国的造山运动》论文，发表在《中国地质学会志》上（1929年7月）。他首次提出了发生于志留纪和泥盆纪之前的相当于加里东运动的广西运动。后又写成《中国的二叠纪及其对二叠纪分期的方向》、《第16届国际地质代表大会报告》（1933）等论文。此次野外勘查的技术笔记搜集在《丁文江先生地质调查报告》中。

1928年6月，国民党军队打败了北洋军阀，建立了新政府，内战告一段落。因此，丁文江又回到北京生活了。此时，北京大学和地质调查所已无人组织，无人过问，但同事们还在，机构还在。于是丁文江自告奋勇重操旧业，立即开始计划和组织工作。他建议沿南方路线修一条由四川通向沿海的铁路，建议得到南京新铁道部的好评，于是丁文江说服铁道部主办探查性勘察。借这次机会，丁文江组织了一次大规模的西南野外考察，地质学家们兵分几路，企图探查云、贵、川的大部分地区，而丁文江个人则搜集了大量资料，例如西南地区的地质结构、土著居民的分布情况等。这次考察在野外进行了一年多，从1929年暮春至1930年夏天。赵亚曾就是在这次考察中在云南被土匪杀害的。

1931年，丁文江成为北京大学地质系的教授，负责野外考察、实验室工作，普通地质学的教学等。他课堂教学富于启发性，生动活泼，情趣盎然。当时学生高振西（中科院院士）著《做教师的丁文江先生》说：

"我很难忘记丁文江先生在课堂上讲课的样子：左手夹着一支雪茄，右手拿着一支粉笔，他那深沉的凝视，镇定自若的神情，以及其生动的言词。他常使用幽默的话去刺激学生搞研究的兴趣，去创造一种生动而轻松的学术气势……他妙语连珠，发人深省，意味无穷，每每引起学生哄堂大笑。每到这个满意的时刻，丁文江总是放下粉笔，用力吹两个雪茄，然后用双手捋捋小胡子。在这种自由讲授的气氛中，疑问与笑声并起，烟灰与粉笔末齐飞。原来是一个颇为枯燥的题目，变成了一门人人喜爱的功课。"

1929年到1934年之间，是丁文江科研成果的丰收年，他连续发表了5篇高品位的地质论文。1933年，由丁文江、翁文灏、曾世英联合出版了《中国分省新地图》，这个地图集是1∶2 000 000的比例，为普通地图。然而，这是中国第一本综合绘图的地图集，书中包括了语言、土著居民、矿产资料分布，以及气候、农业生产及插图等，使用价值达20年之久，并于1948年修正后发行了第5版，作出了宝贵的贡献。

1932年，日本已经侵占了我国东北，丁文江、翁文灏、胡适、李四光等，为了反映独立的知识分子意见，创办了一个刊物，命名为《独立评论》。由丁文江和胡适负责组织主要社论的撰写，把刊物办成正确引导人民群众的阵地。撰稿人多数是政府供职人员，至少是负责政府中有关经济、外交、财政和教育的部、署一级的官员。这份杂志一直办到1937年中日战争爆发，由于拥有广泛读者，完全自给自足。

在为《独立评论》所写的文章中，丁文江基本上谈的是日本侵略和中国的工业化两个问题。他极端错误的反对中国对日本宣战，反而号召同胞把爱国力量集中于经济和工业发展的具体计划。他甚至支持国民党在华北的绥靖政策。丁文江居然率直地对首都大学生说：主张全面战争是不负责的。抵制日货、军事训练、学生报名参军等，都被丁文江说成是错误的。他写公开信批评东北军张学良，甚至要求张学良辞职。所有这些都是错误的，所以长期以来都不能得到人们的谅解，甚至有人把他当反面人物看待。

1939年，丁文江曾去苏联旅游了两个月，他的好奇心被苏联的共产主义吸引住了。这年的7月，国际地质大会在华盛顿召开，丁文江是正式代表，在参加会议回国的途中，曾作过几次停留，在英国和瑞典拜访了老朋友，在德国探望了弟弟，最后到达苏联。在苏联他看到了大规模的工业建设，使他感慨万分，联想到祖国当前的困境，将来何时才能腾飞？

1934年，丁文江成为中央研究院的总干事，这个职务实际上是该机构的行政首脑。院长是蔡元培先生。这是政府执行和协调中国学术研究的机构。作为总干事，丁文江的目标：形成一个在大学、政府和中央研究院以外的，全国一体化的科研体系，完成重大的或国家急需解决的地质课题。

英年早逝

1935年12月初，丁文江受南京国民政府委托，前往湖南为刚刚建成通车的粤汉铁路调查煤矿，连续几天的野外地质考察，身体已经很疲劳了。12月8日，除爬了50多千米的山路外，还下到小煤窑矿坑中去勘察。井内通风又不好，弄得他汗流浃背，内衣内裤都湿透了。再加上一天的操劳，身体很疲乏，上到地面以后，经凉风一吹，于是感冒了。

晚上，丁文江吃了感冒药之后，住在铁路局新盖的一个宾馆里。宾馆的服务人员怕他受冻着凉，特地在他的卧室里生起火炉取暖。本想熟睡一夜，消除疲劳后第二天继续勘察，谁知这所宾馆是刚建成的房屋，墙壁内烟道堵塞，一氧化碳气释放不出去，大量聚集在卧室内。9日早晨，人们发现丁文江已煤气中毒，失去知觉，昏迷不醒了，便急忙找来医生进行抢救，但由于窒息时间太长，一时没有苏醒过来。铁路局领导又急忙从职工中找来几个身强力壮的年轻人，继续做人工呼吸，最后终于苏醒过来了，恢复呼吸了，这才从衡阳铁路医院转入长沙医院，住进湘雅医院疗养。

在医院住了3个星期，丁文江一直感到胸部疼痛，医生检查了好几次，也没有查出原因，后来经过X射线检查，才发现由于人工呼吸时用力过猛，把肋内压断了两根，并且已经化脓，引起胸膜炎了。由于搞不清楚真正病情，延误了时间，致使病情加重，再加上当时的医疗条件很差，没有抗生素一类有效的消炎药物，终于于1936年1月5日不治而死，终年49岁。

但是，衡阳铁路局和医院怕负责任，长期来竭力隐瞒事实真相，不让外界知道，因此误传为由于煤气中毒而死。曾同丁文江共事的地质学家、南京大学教授张祖为此事专门写过一篇文章，阐述丁文江之死的经过，才揭开了事实真相。

丁文江去世后，按照他的遗嘱：从简办丧事。在他的遗嘱中说道：

"于余身故时即以所故地之地方区域以内为余葬化，所占坟地不得过半亩，所殓之棺，其值不得逾银一百元，今并指令余之亲属，不得为余开吊，发讣闻、诵经，或徇其他靡费无益之习尚；遇所故地有火葬设备时，余切托贵嘱执行人务必嘱余亲属将余遗体火化。"

丁文江曾为他的一位亲戚写过一首诗，看来也是遗嘱那种思想的反映，诗曰：

男儿壮志出乡关，学业不成誓不还。

埋骨何须桑梓地，人间到处有青山。

根据丁文江的遗嘱，遗体要求安葬在去世的地方，所以当时被安葬在长沙岳麓山云麓宫下的北坡上。后因年久失修，湖南省政府于1985年拨款重新修墓。1986年4月，湖南省科协在长沙举行了纪念丁文江逝世50周年的活动。

丁文江去世后，中国地质学会为了纪念他对地质事业的贡献，发起了募集丁文江先生纪念奖金基金，共得43 765元，规定"以基金所得利息，每两年对中华国籍研究地质有特殊贡献者发给丁文江先生纪念奖金6 000元。如有余额，再捐助北京大学地质系研究处作为调查研究之用。"

丁文江先生纪念奖金从1940年开始，先后共授奖5次，历次得奖者为田奇㻪（1940）、李四光（1942）、黄汲清（1944）、尹赞勋（1946）、杨钟健（1948）。

丁文江去世后，他的许多朋友和亲戚纷纷著文表示悼念。他的亲密好友胡适著《丁文江的传记》，比较详细地介绍丁文江的一生；他的同事们写了很多回忆他的文章，编成专辑，表述了丁文江在地质学、哲学和其他领域中的贡献。这里抄录翁文灏悼诗二首：

《追念丁在君》（1936年1月）

踪迹追随廿载前，一朝分袂最凄然。

鸡鸣共涉浑河渡，鹬势同翻云水边。

创造艰难犹昨日，殷勤讨论忆当年。

为师为友终生约，未老何图去竟先。

携斧曾经汗漫游，西南山谷最清幽。

碧鸡金马云南路，漓水藤滩黔外州。

霞客遗踪追绝域，粤湾车路达江流。

搜罗多少详图籍，整理端须仔细求。

世界五千年科技故事丛书

01. 科学精神光照千秋：古希腊科学家的故事
02. 中国领先世界的科技成就
03. 两刃利剑：原子能研究的故事
04. 蓝天、碧水、绿地：地球环保的故事
05. 遨游太空：人类探索太空的故事
06. 现代理论物理大师：尼尔斯·玻尔的故事
07. 中国数学史上最光辉的篇章：李冶、秦九韶、杨辉、朱世杰的故事
08. 中国近代民族化学工业的拓荒者：侯德榜的故事
09. 中国的狄德罗：宋应星的故事
10. 真理在烈火中闪光：布鲁诺的故事
11. 圆周率计算接力赛：祖冲之的故事
12. 宇宙的中心在哪里：托勒密与哥白尼的故事
13. 陨落的科学巨星：钱三强的故事
14. 魂系中华赤子心：钱学森的故事
15. 硝烟弥漫的诗情：诺贝尔的故事
16. 现代科学的最高奖赏：诺贝尔奖的故事
17. 席卷全球的世纪波：计算机研究发展的故事
18. 科学的迷雾：外星人与飞碟的故事
19. 中国桥魂：茅以升的故事
20. 中国铁路之父：詹天佑的故事
21. 智慧之光：中国古代四大发明的故事
22. 近代地学及奠基人：莱伊尔的故事
23. 中国近代地质学的奠基人：翁文灏和丁文江的故事
24. 地质之光：李四光的故事
25. 环球航行第一人：麦哲伦的故事
26. 洲际航行第一人：郑和的故事
27. 魂系祖国好河山：徐霞客的故事
28. 鼠疫斗士：伍连德的故事
29. 大胆革新的元代医学家：朱丹溪的故事
30. 博采众长自成一家：叶天士的故事
31. 中国博物学的无冕之王：李时珍的故事
32. 华夏神医：扁鹊的故事
33. 中华医圣：张仲景的故事
34. 圣手能医：华佗的故事
35. 原子弹之父：罗伯特·奥本海默
36. 奔向极地：南北极考察的故事
37. 分子构造的世界：高分子发现的故事
38. 点燃化学革命之火：氧气发现的故事
39. 窥视宇宙万物的奥秘：望远镜、显微镜的故事
40. 征程万里百折不挠：玄奘的故事
41. 彗星揭秘第一人：哈雷的故事
42. 海陆空的飞跃：火车、轮船、汽车、飞机发明的故事
43. 过渡时代的奇人：徐寿的故事

世界五千年科技故事丛书

44. 果蝇身上的奥秘：摩尔根的故事
45. 诺贝尔奖坛上的华裔科学家：杨振宁与李政道的故事
46. 氢弹之父—贝采里乌斯
47. 生命，如夏花之绚烂：奥斯特瓦尔德的故事
48. 铃声与狗的进食实验：巴甫洛夫的故事
49. 镭的母亲：居里夫人的故事
50. 科学史上的惨痛教训：瓦维洛夫的故事
51. 门铃又响了：无线电发明的故事
52. 现代中国科学事业的拓荒者：卢嘉锡的故事
53. 天涯海角一点通：电报和电话发明的故事
54. 独领风骚数十年：李比希的故事
55. 东西方文化的产儿：汤川秀树的故事
56. 大自然的改造者：米秋林的故事
57. 东方魔稻：袁隆平的故事
58. 中国近代气象学的奠基人：竺可桢的故事
59. 在沙漠上结出的果实：法布尔的故事
60. 宰相科学家：徐光启的故事
61. 疫影擒魔：科赫的故事
62. 遗传学之父：孟德尔的故事
63. 一贫如洗的科学家：拉马克的故事
64. 血液循环的发现者：哈维的故事
65. 揭开传染病神秘面纱的人：巴斯德的故事
66. 制服怒水泽千秋：李冰的故事
67. 星云学说的主人：康德和拉普拉斯的故事
68. 星辉月映探苍穹：第谷和开普勒的故事
69. 实验科学的奠基人：伽利略的故事
70. 世界发明之王：爱迪生的故事
71. 生物学革命大师：达尔文的故事
72. 禹迹茫茫：中国历代治水的故事
73. 数学发展的世纪之桥：希尔伯特的故事
74. 他架起代数与几何的桥梁：笛卡尔的故事
75. 梦溪园中的科学老人：沈括的故事
76. 窥天地之奥：张衡的故事
77. 控制论之父：诺伯特·维纳的故事
78. 开风气之先的科学大师：莱布尼茨的故事
79. 近代科学的奠基人：罗伯特·波义尔的故事
80. 走进化学的迷宫：门捷列夫的故事
81. 学究天人：郭守敬的故事
82. 攫雷电于九天：富兰克林的故事
83. 华罗庚的故事
84. 独得六项世界第一的科学家：苏颂的故事
85. 传播中国古代科学文明的使者：李约瑟的故事
86. 阿波罗计划：人类探索月球的故事
87. 一位身披袈裟的科学家：僧一行的故事